声明は
音楽のふるさと

岩田宗一
Iwata Sôiti

法藏館

声明は音楽のふるさと*目次

一　日本音楽と声明

世界の舞台へ……3
如来のひびき……8
声明のはなし……10
仏教音楽への期待……18
はれやかな四箇法要……22
念仏と芸能……24
大念仏寺の踊り念仏……29
壬生の大念仏狂言……32
歌舞伎と仏教……33
魚山のいわれ……40
大原流声明の伝承……44
御懺法講とは……54

百石讃嘆は語る……58
鎌倉仏教の音楽……67
阿弥陀経の声明……78
真宗声明のあゆみ……80
楽譜のはなし……90
声明・歌・ことば……92
声明は音楽……95
音環境が危ない……98
遊びと教養……101
日本語このごろ……103
聴くこと……106
宗教音楽「声明」……108
「かたち」と「こころ」……114

二　ヨーロッパの宗教音楽と生活

ロンドン・パリ・ローマのミサ …… 123
ソレームは遠かった …… 126
ボイロン修道院の生活 …… 128
マリーア・ラーハの一日 …… 131
ライン河にひびく少年聖歌 …… 133
出会いさまざま …… 136
フィレンツェとヴェネツィア …… 141
リューベックの印象 …… 144
ドイツ人の気質 …… 147
ドーヴァー海峡のカモメ …… 150

あとがき　153

一　日本音楽と声明

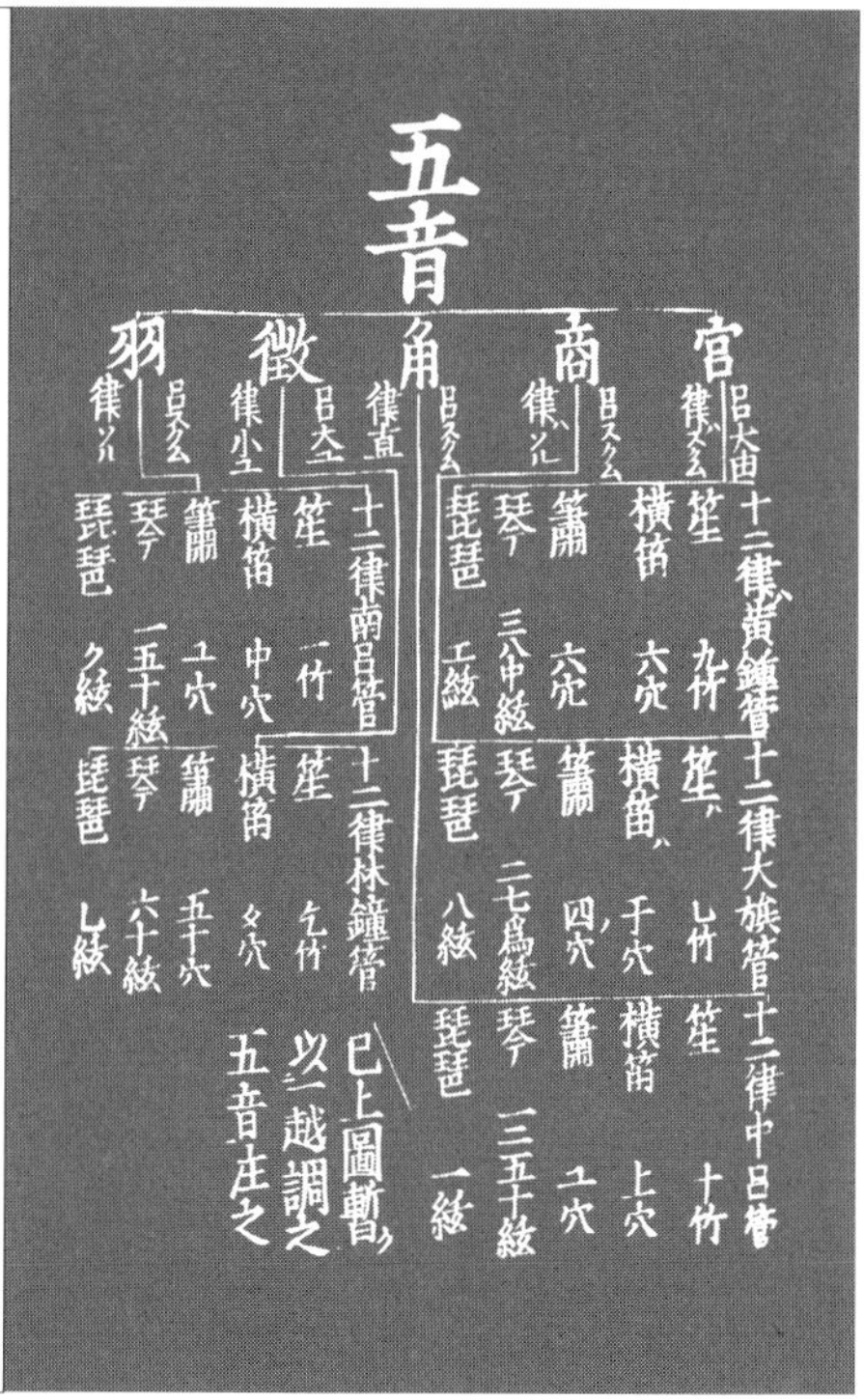

世界の舞台へ

一九八二年、宗教音楽の研究と調査のためにドイツ・ケルン大学に滞在し、その間にフランス・ストラスブール大学で開かれた国際音楽学会主催の世界宗教音楽シンポジウムに出席しました。それを機にヨーロッパ各地のキリスト教会や修道院を訪ねて、儀式音楽を直接、数多く聴くことができました。そのときどきの体験を折り混ぜながら宗教と音楽について考えてみたいと思います。

仏教音楽の研究を志す私が、何のためにヨーロッパへ？　といぶかる人がいても不思議ではありません。なぜならヨーロッパには仏教の伝統も、わざわざ日本から出かけていって聴聞しなければならない声明《しょうみょう》を唱えている寺院もないからです。

しかし、近年、ヨーロッパの音楽家や研究者のなかに、彼らにとっては異教徒の唱えるわが声明に心を惹《ひ》かれる人が増えていまして、声明を学問として研究している人も少なからずいます。彼らは日本からあまりにも遠いので、声明を直接聴いたり、資料を目にするのに大変な苦労をしていますが、その一方でとても有利な面をもっています。それは、彼らにはキリスト教音楽研究の長い歴史があり、またヨーロッパ地域以外の音楽の研究の上でも独得の方法論をもち、それらを声明研究に生かせるという点です。

もっとも、わが国にも平安時代の終わりごろから鎌倉・室町時代にかけての時期には、当時のヨーロッパの水準と比べてもひけをとらない仏教音楽の理論があり、その演奏（唱）も非常に優れ、人々を大いに感動させていましたが、その後は発展が停ってしまいました。ましてや声明を音楽として近代的な学問の研究対象にし始めたのは、ごく近年のことなのです。

それも研究の主体は、各寺院で唱えられている声明の現状の把握や、消滅しかけている伝統を記録にとどめること、埋もれた資料を発見することに注がれてきました。こうした努力は今後もより精力的に続けられなければならないことは言うまでもありませんし、現に、その最大の結晶ともいえるわが国の仏教諸宗を網羅した声明集大成のレコード集（『聲明大系』一九八四年刊・LPレコード二十八枚と解説本）が京都の仏教書の出版社である法藏館から出ています。

一方で、ヨーロッパの人々が声明をどのように観察し、どのように研究しようとしているのかを直接見聞することも、これからの声明研究に欠かすことのできない大きな意義のあることです。

世界宗教であるキリスト教の音楽、とりわけ最も古いものは、八世紀に起源をもつグレゴリアン・チャントという聖歌です。この聖歌は一本のふし（旋律）しかもたず、男声で唱えられ、伴奏が付かないなど、声明との共通点も多く、研究の上では先輩格の研究方法が声明研究の上に大きなヒントを与えてくれると考えても、あながち見当違いではないでしょう。

こうした意図もあって参加しました世界宗教音楽シンポジウムは、もはや二、三の宗教音楽の比較や分析、ましてや仏教音楽という一つの枠のなかで想いめぐらすという時代が過ぎ去ろうとしていることを教えてくれました。それは同時に仏教音楽が、ほかの世界諸宗教と同じテーブルで議論されたという画期的な出来事でした。初参加ということもあったでしょうが、出席者の間から仏教音楽へ（カソリック・ギリシャ正教）・イスラム教・ユダヤ教に仏教が加わったのです。キリスト教の関心が非常に強く表明されました。音楽の理論上のことや、その歴史、声明家のこと、さらには儀式との関係やその意味といったことに質疑は広がりました。これまでにもヨーロッパには実演唱を含めて、かなりの量の声明紹介が行なわれてきましたが、このシンポジウムは研究の上でも仏教音楽が世界の仲間入りをしたことを告げるものでした。

ところで、ローマカソリック教会の正式の典礼聖歌は、西暦五九〇年から六〇四年までローマ教皇であったグレゴリウス一世が、当時ほぼヨーロッパ全域に広がったキリスト教とその教会の儀式を統一するために編纂した聖歌集に始まると伝えられています。その後、歴代の教皇によって曲目は増やされ、十三世紀ごろまで発展を続けました。これらの曲を総称してグレゴリオ聖歌と呼んでいます。

この聖歌はどの曲もふしが一本のみでできており、伴奏もありません。また男声のための曲ばかりです。時代が進むにつれてヨーロッパ人の耳にも何だかもの足りなさが感じられるようになったとみえて、彼らは、この聖歌のふしに別の高さの音を同時に重ねる工夫を始めました。今日あるようなヨーロッパ音楽の見事な多重性は、このようにして始まったのです。皮肉なことに、この試みが進むに従って、本体であったはずのグレゴリオ聖歌そのものは徐々に廃《すた》れ、十八世紀ごろには、一般の教会でほとんど用いられなくなっていました。それに代わって重厚な合唱音楽が全盛を誇ることになったのです。

しかし、やがて音楽家や音楽学者たちの手によって復興が計られました。それには伝統的な儀式や音楽を重んじる修道院に伝えられてきた曲目や、その唱法が参考になり、とくにフランスのソレームやドイツのボイロンといった修道院が注目を引きましたが、結局、ソレームの唱法を基にして、二十世紀の初めにピオ十世の布告によってグレゴリオ聖歌は復興しました。

ところで、このグレゴリオ聖歌が成立したとされる七世紀から八世紀の初めごろの、ヨーロッパ以外の地域を見てみますと、まず日本は聖徳太子直後の時代で、仏教を大陸や朝鮮から受け容れた時代です。中国は唐の時代です。また、目を西に向けますと、東ローマのビザンチン帝国とササン朝ペルシャが死闘を展《くりひろ》げています。さらにマホメットの在世とそれに続く時代であり、彼が建てたサラセン帝国は八世紀には領域を北アフリカから、やがてイベリア半島（スペイン）にまで広げました。その結果、その地域にすでにあったキリスト教会はイスラムの支配下に置かれることとなるのです。

歴代の教皇が曲目を加えていったグレゴリオ聖歌のなかには、このイスラム支配下のスペインで音楽的にイスラム化したものが含まれていることや、オリエント音楽の影響を強く受けた聖歌のあるのも、このことと深い関係があります。

中国においては、グレゴリオ聖歌が成立し曲目が増えていく時期がちょうど唐の時代で、洛陽や長安はシルクロードのターミナルとして、経済的にも文化的にも一大国際都市を形成していました。宗教的には中国古代の儒教や道教に列して仏教が肩を並べ、さらにキリスト教やゾロアスター教も入ってきています。サラセン帝国から使者がきていることからもうかがえるように、イスラム教の影響も避けられないなど、宗教の上でも中国はまさに国際的な舞台となっていました。

このように見てきますと、仏教の音楽とキリスト教の音楽とが、今日を除いて歴史の上でこれまで全く接触したことがなかったと考えることは、むしろ不自然なことです。この両者がどこかで接触して、互いに影響を与え合った時期があったのではないか、といった壮大なロマンを語る研究者もいます。今日では証明はまず不可能と思われますが、私もこのようなロマンは一つぐらい残しておきたいような気持ちがあります。

日本においても今日、再び両音楽が巡り会ったのですから、互いに影響し合って、仏教側でも新しい音楽が創造されていくのは歴史の必然といえるでしょう。この時にあたり、いよいよ伝統的仏教音楽である声明の重みが自覚されていかねばなりません。

如来のひびき

遠くインドで仏教が興《おこ》ったころの、仏教と音楽との関係がどのようであったかは、当時のことを述べた経典などから想像する以外に方法がありませんが、それによりますと、僧侶が修行するような場所では音楽はおおむね禁じられていたようです。といいますのも、音楽のように人間の感覚を刺激したり、この世の欲望をそそるようなものは全て、修行の妨げになると考えられていたからです。

ところが、釈尊入滅後およそ五百年ごろに興った大乗《だいじょう》仏教では、音楽に対する態度ががらりと変わりました。また大乗仏教が伝わった中国では、音楽は法会《ほうえ》などの儀式で大いに用いられるようになりました。その法会が僧侶の資格試験のために行なわれる場合でも同じです。それでは一体、仏教では理想的な音楽をどのように考えていたのでしょうか。

大乗仏教の経典の一つ『無量《むりょう》寿経《じゅきょう》』には、極楽浄土で音楽が天人や天女、天上の住人たちによって仏・菩《ぼ》薩《さつ》の供《く》養《よう》や徳を讃えるために奏でられる有り様が描写されています。

この天上の住人たちが音楽を奏でるという発想自体は、大乗以前の仏教経典にも見えますし、古くはバラモン教の経典である『ヴェーダ』のなかに見られます。そのなかでは天上の住人は梵天《ぼんてん》という名で表現されています。音楽はつねに梵天が演奏し、天上から聞こえてくるものであるという思想があります。大乗仏教の経典ではこの天上が極楽浄土へ、梵天が天人へと引きつがれているようです。

『無量寿経』を例に、そのなかに音楽に関する記述がどれだけあるかということを見てみましょう。

まず、「如来が法を説かれるときには菩薩たちは七種の宝石でできている講堂に集まり、そこで説法を聞く。すると四方から自然に風が吹き起こり、あまねく宝石の樹々を揺り動かして、五種の音声《おんじょう》が流れ出る。一切の天人たちは皆さまざまな種類の音楽によって供養し……」とあります。また、「アーナンダよ。かの仏国に生まれた求道者たちは皆、花や楽器や歌や音楽によって仏を供養しようとするならば……」と言い、また「梵天の音声」「梵音声《ぼんのんせい》をよろこべる」「山の王にして音声自在な梵音《ぼんのん》」と呼ぶ如来のいたことが述べられています。これらは「音」に関して優れた修行者がいたことを象徴的に言い表わしています。

また「正 覚《しょうがく》の大音《だいおん》は響《ひびき》、十方《じっぽう》に流《わた》る」とあります。これはよく知られている「嘆仏偈《たんぶつげ》」の一節です。如来の覚りを述べる声はどこまでも響きわたって宇宙の隅々にまで遍満《へんまん》するということをいっています。さらに「清風、時に起こり五つの音声を出し、微妙《みみょう》の宮 商《きゅうしょう》、自然にあい和す」とは、仏教と音楽について語られるときによく引用されることばです。これは宮 商 角徴羽《きゅうしょうかくちう》という五つの音でできている音楽が溶け合った響きをし、心を和らげてくれるということをいっています。

続けて『無量寿経』には「耳根《にこん》は清徹《しょうてつ》にして」「六根《ろっこん》は清徹にして」とあります。また、「その楽の声は、法音にあらざることなし。清揚・哀亮にして、微妙《みみょう》・和雅《わげ》なり十方世界の音声のなか、最も第一となす」とも述べています。釈尊や如来の説法をどこまでも澄んだ耳と心とで聴きとることを意味していますが、その説法の声そのものが「清徹」であることが大前提といえましょう。仏教音楽の理想的な響《ひびき》、姿としてこの「清徹」こそ最も言い当てたことばだと思います。このひびきこそ「如来の声」であり、仏教音楽の目指す理想のひびきです。

このように見てきますと、『無量寿経』は極楽浄土を音楽の世界として描いていますし、同時にこの経典が生まれた西暦元年前後のインドの人々が、そしてこの翻訳が行なわれた中国の人々が、当時、理想的な音楽をどのように考えていたのかということを、手にとるように私たちに伝えてくれる、すぐれた音楽書なのです。

声明のはなし

声明を一言でいいますと、仏教の伝統的儀式音楽のことです。すなわち儀式で僧侶がその進行と不可分の関係で歌う歌や朗誦《ろうしょう》のことです。儀式に携わる僧侶の方たちの意識は別としまして、声明は歌われ朗誦される音楽であり、声楽です。歌う声明とは儀式を行なう場所に本尊や諸仏・諸菩薩を呼んだり、それぞれの徳を称えたりするところのいわば「讃歌」です。朗誦とは釈迦の教えを説いた経やそれについて論議した文章の類を読み上げることであり、なかには儀式の目的や願い事を述べた文章もあります。しかしそのような儀式音楽を声明と呼ぶようになったのは、日本では鎌倉時代、十三世紀初め以後のことで、それまでは通常「梵唄《ぼんばい》」といっていました。中国では今日でも梵唄・讃・念仏などといっています。

仏教は今から約二千五百年前にインドで興りました。そのころ、開祖である釈迦（ゴータマ・ブッダ）の教えなどを暗記するときに旋律をつけて覚えていたのですが、それはガータと呼んでいたようです。これとは別に、仏教以前からインドにあったバラモン教という宗教の経典の読み方を研究する学問、発音学・音韻学をシャブダ・ヴィジュアといっていました。これを中国では「声明」（現代北京語ではションミン）と訳しました。

日本でも中国・朝鮮半島から伝わった儀式音楽を、古代は梵唄・讃といっていました。鎌倉時代初め（一二一九〜一二三三年ごろ）に天台宗の湛智《たんち》（一一六三〜一二三七？）という僧が雅楽の理論でこの声明楽理を説明しようとして『声明用心集』を著しましたが、その前後から「声明」という語が広まったのです。ですから「声明」という語を仏教儀式声楽の意味に用いているのは日本だけです。しかし五十三年前（一九四九年）から四十七年間かけてドイツのベーレンライターという出版社から出た「音楽の歴史と現代」（Die Musik in Geschichte und Gegenwart）という十七巻からなる辞典の第十二巻（一九六五年刊）には、ヘボン式ローマ字でSHOMYOという項目があります。この項目をお書きになったのは平成十四（二〇〇二）年に亡くなられた片岡義道先生ですが、それ以来、SHOMYO は世界に広がっていきました。私は日本式で SYOMYO と書くことにしています。

声明の実唱ということでは、インドの声明を聴きたいのですが、残念ながら今から八百年ほど前（一二〇三年のビクラマシラー寺の壊滅）にインドから仏教は衰退してしまいましたので聴くことはできません。しかし、仏教以前からインドにあったバラモン教の経典（これをヴェーダといいますが）、それがその後に優勢となったヒンドゥー教のなかで生き続けています。そして釈迦（ゴータマ）もこのような旋律をつけて教えを覚えるのはよいことだといっている律典もありますので、そのヴェーダの朗誦は今でもヴァラナシなどで聞くことができます。

今から二千年前に仏教は中国に伝わりますが、歴史的なことはここではお預けにして現在の中国の讃をみますと、すなわち日本でいうところの声明の例として儀式の最初に歌われる香讃という声明があります。上海の南に連なる天台山で調査することができました。

また北京の西南の五台山の念仏勤行《ごんぎょう》では楽器が助奏します。

七世紀半ばごろにはチベットに、インド・ネパール・中国から仏教が伝わり盛んとなりました。チベットの首都ラサでも調査しました。

そして韓国の海印寺においても声明を聴くことができました。

さて、日本にはこの仏教は千四百数十年前に新羅《しらぎ》から伝わりました。日本で、今日聴くことのできる最も古い声明を伝えているのは、七五二年に始まって以来、一年も途絶えたことのない東大寺二月堂修二会《しゅにえ》、俗称「お水取《みずと》り」の声明です。そのなかで本尊十一面観音菩薩の名を繰り返す宝号という声明はひときわ注目されています（譜例①東大寺二月堂：修二会《しゅにえ》―宝号《ほうごう》）。

わが国に伝わった仏教は、その後、今日までに実に多くの宗派に分かれました。ざっと見ましても奈良の大寺院はそれぞれが一つの宗派といってよく、平安時代には真言系各宗派・天台系各宗派そして鎌倉時代には禅系各宗派・浄土宗・西山浄土宗・真宗系各宗派・時宗・（融通《ゆうずう》念仏宗）・法華系各宗派などです。これらはさらに細かく分かれています。

ここで、これらのなかから代表的な声明をあげておきましょう（譜例②天台宗―四智梵語讃《しちぼんごさん》、③真言宗―四智梵語讃、④臨済宗相国寺《しょうこくじ》：観音懺法《かんのんせんぼう》―浄水文《じょうすいもん》、⑤浄土宗―往生礼讃《おうじょうらいさん》、⑥真宗：大谷派―正信偈、⑦時宗―来迎讃《らいこうさん》、⑧日蓮宗：報恩会式《えしき》―咒讃《しゅ》）。

これらはごくごく一部分ですが、このような声明のなかでその後の邦楽に最も強い影響を与えたと思われるものに、「講式《こうしき》」があります。この種類の声明は日本で生まれた読み語りの声明です。漢字ばかりで書かれていますが、読むときは日本文にして読みます。

この声明は「重《じゅう》」という一定の区間を同じ高さを中心に読んでいくという、言うなれば大きな旋律型（一種の旋律パターン）と、一言一言の抑揚にしたがって高低をつけていくという方法で曲ができています。天台宗と真言宗の講式としては⑨天台宗―六道講式〈人道段〉、⑩真言宗―四座講式〈遺跡段《ゆいせき》〉などがあげられます。

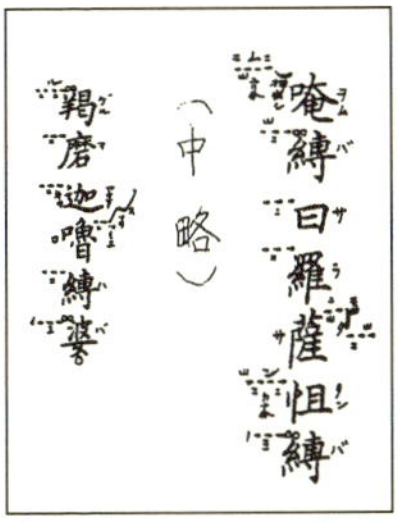

②天台宗－四智梵語讃

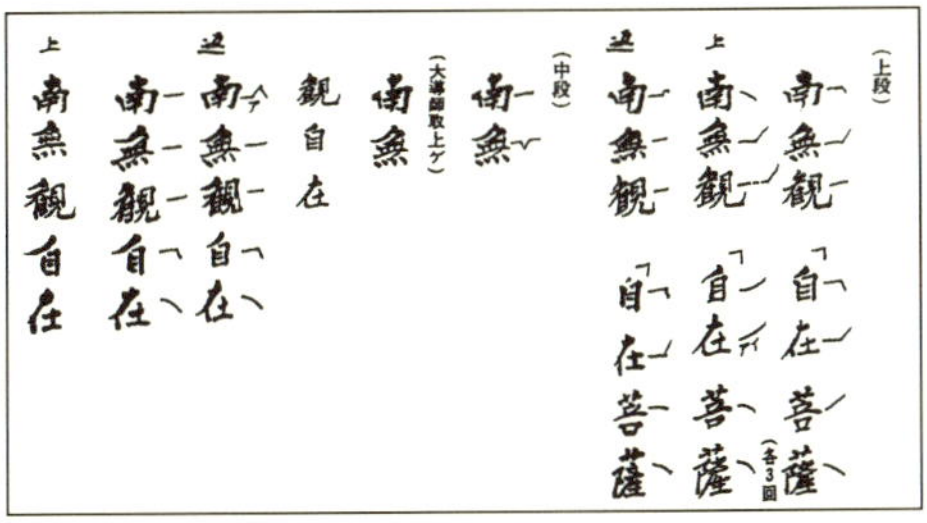

①東大寺二月堂:修二会－宝号

⑤浄土宗－往生礼讃

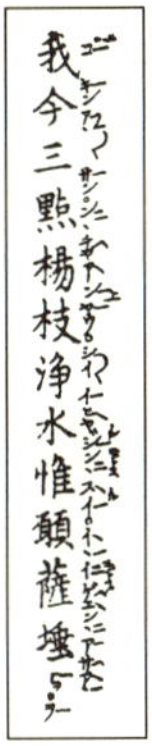

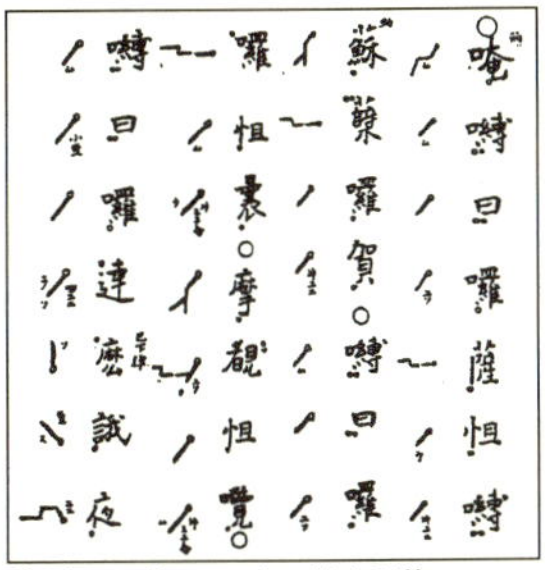

③真言宗－四智梵語讃

◀④臨済宗相国寺:観音懺法
—浄水文

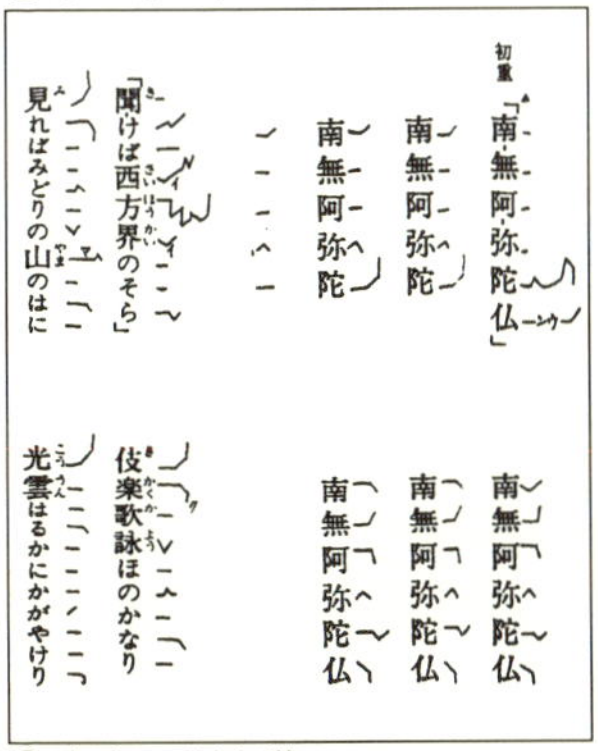

⑦時宗－来迎讃

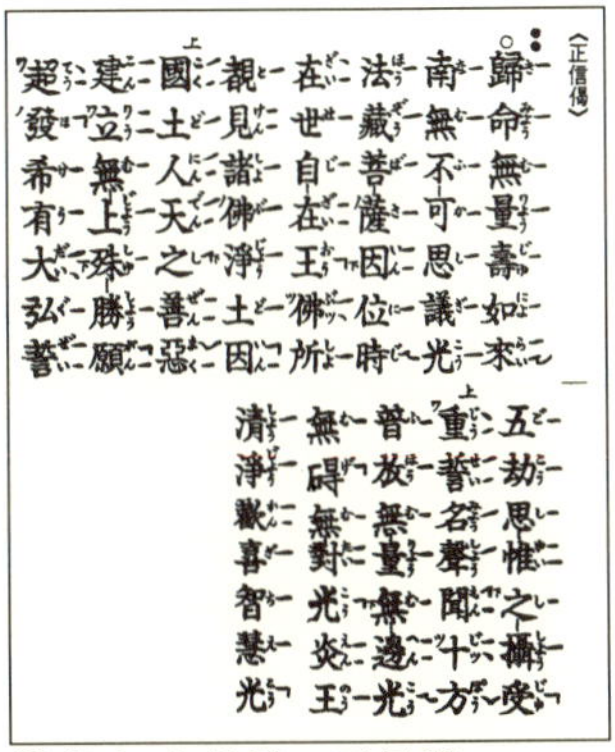

⑥真宗:大谷派—正信偈

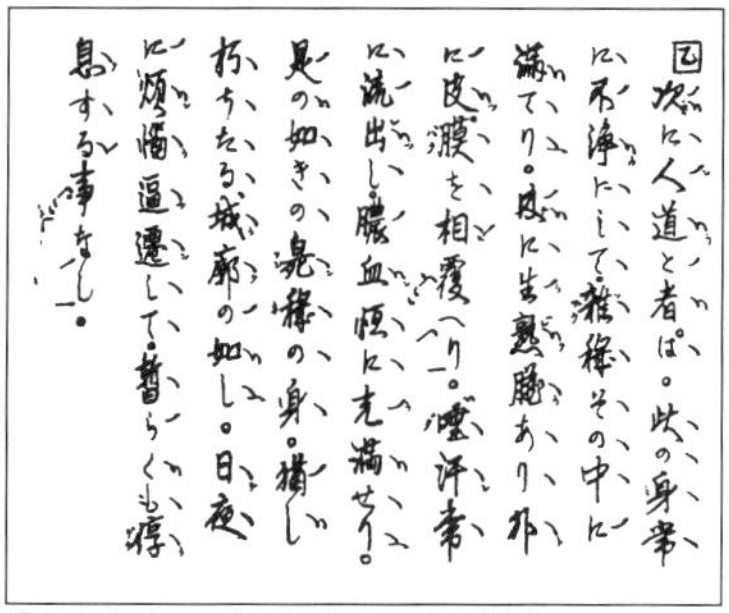
⑨天台宗ー六道講式〈人道段〉

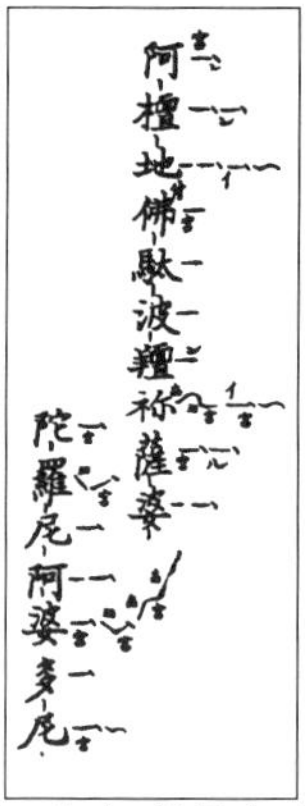
⑧日蓮宗：報恩会式
ー咒讃

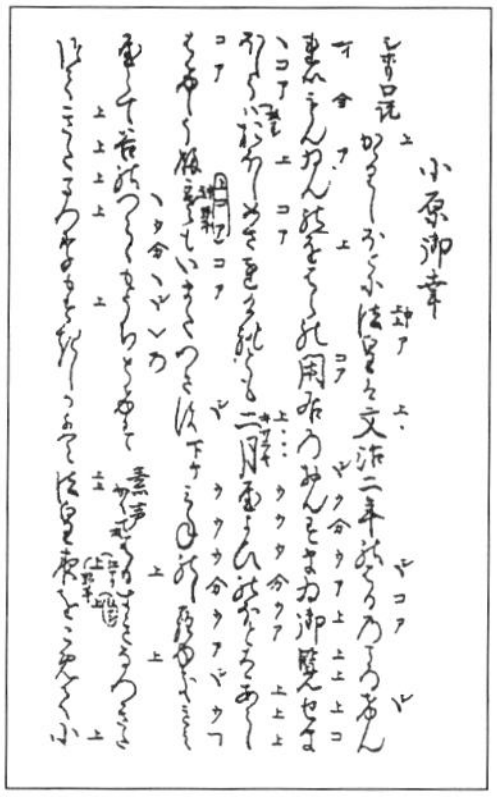
⑪平曲ー小原御幸

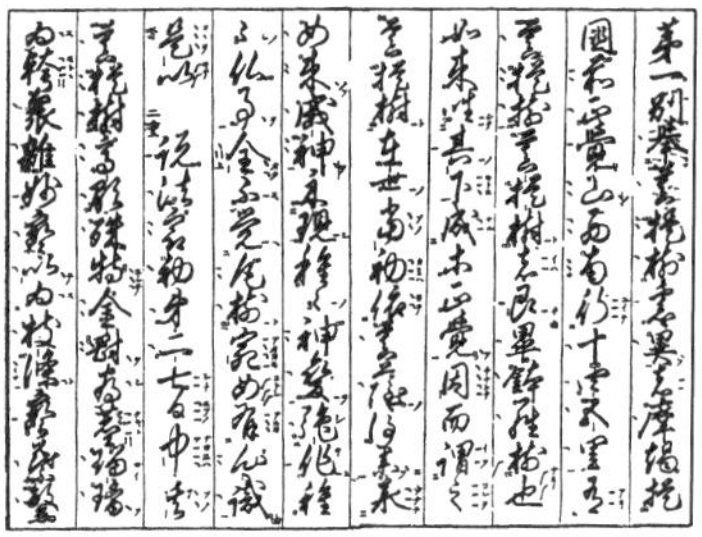
⑩真言宗ー四座講式〈遺跡段〉

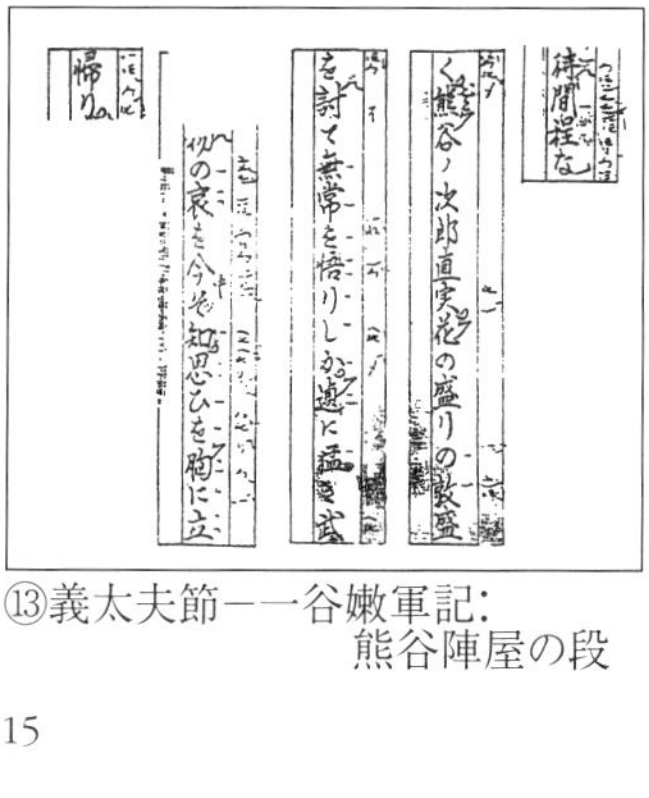
⑬義太夫節ー一谷嫩軍記：
熊谷陣屋の段

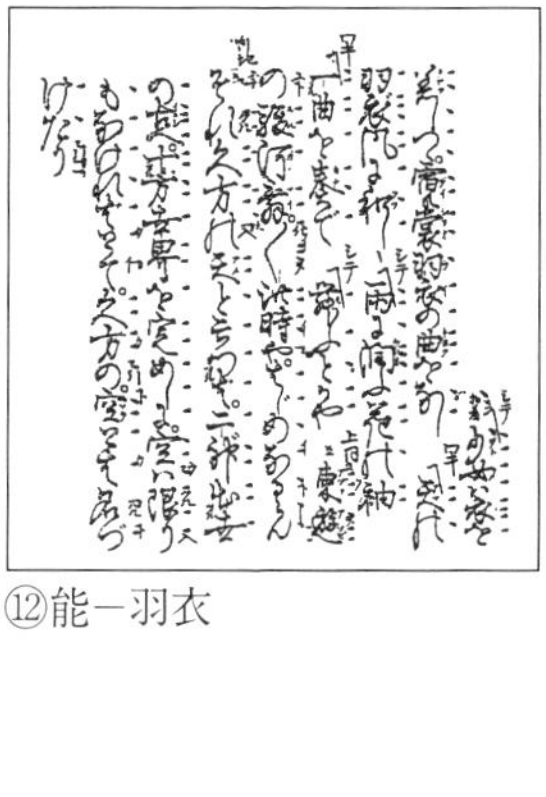
⑫能ー羽衣

このような曲の構成法を取り入れたのが、平家琵琶音楽であると多くの研究者が説いています。旋律や構成法がこの両者がとても近い関係だからです（譜例⑪平曲《へいきょく》―小原御幸《おはらごこう》）。能の声楽部分「謡《うたい》」も類似した旋律法によっています（譜例⑫能―羽衣《はごろも》）。

やがて江戸時代に入りますと、人形劇の伴奏音楽として出発した浄瑠璃《じょうるり》、なかでも義太夫節《ぎだゆうぶし》が劇的なセリフを代行したり、情景描写のナレーション音楽として登場し、やがて歌舞伎《かぶき》音楽に欠かすことができない存在となっていきます。もちろん、同じ浄瑠璃の仲間でありながら、より歌うほうに近づいた清元《きよもと》節・常盤津《ときわづ》節も歌舞伎のなかに採《と》り込まれていきます（譜例⑬義太夫節―一谷嫩《いちのたにふたば》軍記《ぐんき》：熊谷陣屋《くまがいじんや》の段）。

要するにここまであげてきました音楽は全部声楽です。実は日本音楽の大部分は歌が主人公です。もちろん各楽器にはそれぞれに固有の奏法や表現法があることは言うまでもありませんが、それらは声楽的表現を助け、盛りたてるために発展を遂げたものです。人形劇・能・歌舞伎といった舞台に登場する楽器、例えば琵琶・笛・鼓《つづみ》・太鼓《たいこ》・箏《そう》・三味線をはじめ、仏教寺院楽器、例えば磬《けい》・鏧《きん》・松虫・鈴虫・双盤《そうばん》・樽型両面太鼓・平《ひら》太鼓・木魚・木鉦《もくしょう》・鉦《かね》・半鐘《はんしょう》・大鐘《おおかね》・鈴・錫杖《しゃくじょう》なども、舞台の情景描写や声楽の高揚のために用いられます。これらのなかには雅楽器に起源をもつものもあります（拙文「仏教音楽から見た仏具」〈二〇〇〇年完稿〉、『仏具鑑賞』所収、至文堂書店刊行予定）。

このように日本音楽の出発点に声明があることを見てきましたが、次にその声明がどのような楽譜によって今日まで伝えられてきたのかということについて、お話しいたします。

仏教は六世紀半ばに新羅から日本へ伝わりましたが、それ以後七世紀半ばごろまでには宮廷や奈良の諸大寺を中心に大規模な仏教行事、つまり大法要が行なわれ、これらの儀式と不可分の関係にある声明は盛んに歌われ、朗誦されてきました。このころまでの声明の指導者の大部分は新羅や唐からやってきた僧たちですが、口承《こうしょう》口伝《くでん》の方法で指導し伝えられたものと考えられています。

ごく最近まで、声明の楽譜は目に見える墨や朱墨で書かれているとばかり思われていました。その考えでいきますと十一世紀初めまで声明の楽譜らしきものはないことになります。ところが二〇〇二年四月に広島大学の名誉教授が大谷大学図書館の古文献のなかから、角筆《かくひつ》（先端の細くて硬い筆記具を紙に強く押し付けて陰刻《いんこく》する）で書かれた八世紀半ばごろの楽譜らしきものを発見されました。その楽譜に関する私のコメントは、『大谷学報』（八十二巻―二）に発表し、日本にはすでに八世紀半ばに新羅から伝わった声明の楽譜らしきものがあったと述べました。

これを見てもおわかりのように、声明を含め日本の楽譜は、ヨーロッパの五線譜のようにリズムや細かい音程の変化を表わしていません。だからといって、日本の音楽、特に記譜法は未発達で、音楽自体の程度が低いなどと考える方がおられるならば、それは大変な誤りです。

ヨーロッパの五線譜でも、音楽の全てを書きとどめているとはとても言えません。音色・発声法・微妙で時には大胆なテンポの伸縮・曲の表情や表現法など、音楽にとってまさに生命そのものの部分は、通常は楽譜に書かれていないのです。もちろん、楽譜刊行者の解釈が書き入れられている例はありますが……。

私たちヨーロッパ音楽に関わってきたものは、それらをレッスンや授業と呼ばれる場で、主として五線譜という楽譜に重点をおいて教わり、身につけていくのですが、日本音楽では師匠《ししょう》と弟子の向かい合っての指導、すなわち口承口伝の方法で学び、身につけるのです。本質的には実は同じですが、日本音楽の場合の楽譜は、そのような方法ですでにその曲の伝承を受け終わった人が、再度演唱または演奏する際の備忘のための覚え書きです。基本は師匠の演奏または演唱を耳から聴いて修得するのです。とくに声明では、修得し終わったものに楽譜が渡されたのであります。

もちろんヨーロッパの五線譜が、楽曲構造や和声の分析を行なう場合に威力を発揮することは言うまでもありません。しかし私たちの先祖は本来、目に見えない「音」を、紙の上に定着させようという発想自体がなかったというべきです。

ですから、譜例からもわかるとおり、最初の一声を出すことさえままなりません。日本音楽はそれを伝える人の人格やその人の生きた時代の文化そのものを口伝《くちづた》えに受け取って次代に伝えるという音楽の本質を、私たちの祖先は的確に捉えていたと考えるべきと思います。

仏教音楽への期待

最近、仏教音楽、とりわけ声明への関心は、僧侶や日本音楽研究者はもとより、作曲家や一般音楽愛好家の間にも急速に高まってきています。そしてこの傾向は国内にとどまらず、ヨーロッパやアメリカにまで及び、多くの研究者や作曲家がその実際の演奏から何ものかを学びあるいはそこから新しい音楽の素材を得ようとわが国を訪ねてきます。

そればかりか海外においても、すでに本格的な研究をする準備がすすんでいますし、立派な論文も発表されています。私が一九八二年に滞在したドイツ・ケルン大学の音楽学研究所もその一つです。また同年にフランス・ストラスブール大学で開かれた世界宗教音楽シンポジウムでは、日本の仏教音楽がこの種の学術会議では初めて討議の対象となりました。

ヨーロッパといえば、その音楽の歴史はキリスト教音楽を柱として歩んできたといってもいいでしょう。そのキリスト教音楽自体も初期の讃歌やアムブロッシオ・グレゴリオ聖歌を出発点として、そこからたゆみない発展の道を歩んできました。このような発展をうながし続けたものは、いったい何だったのでしょう。それは何といっても儀式とその音楽に対する僧職者たちの敬虔な態度と使命感ではなかったでしょうか。そこからは、自らの演奏（唱）に対する強い責任感が生まれますし、厳しい訓練に裏打ちされた最高レベルの演唱が生まれることになります。さらに加えて信徒たちがそのような宗教音楽のあり方を求め、それに応える教会を支えてきたことも非常に大きな役割を果たしたと思います。先の訪欧時に調査しました多数の修道院・聖堂・教会での実例の数々は、いよいよこのことを確信させてくれました。

一方わが国の仏教音楽、とくに声明はどのような道をたどったのでしょうか。南都（奈良）諸宗や天台宗・真言宗といった古代仏教の声明は、中世には新興諸宗の声明や一般音楽（邦楽）の成立に大きな影響と刺激を与えましたが、自らはそれ以後の発展を停めてしまったといってもいいでしょう。

そして新興鎌倉仏教の諸宗は、事あるごとに、主として天台宗の声明を受け容れながら、徐々にそれぞれの宗派独特の法要儀式の形式を整えていきました。しかしわが国近世音楽史の表舞台は何といっても絢爛《けんらん》たる華を咲かせた邦楽によって占められ、仏教音楽はその背景に隠れてしまいました。

その仏教音楽が今日再び注目され始めています。そこには単に日本音楽のルーツとして声明の意義をもう一度見なおそうといった消極的な動機ばかりでなく、現代に生きる人々の心と音楽に、新たな刺激と霊感を再び与えてくれるに違いないとの熱い期待が込められているように思われます。

こうした期待を背景に、昭和五十九（一九八四）年に『聲明大系』（法藏館刊、レコードと解説本）が出版されました。この『聲明大系』はわが国仏教諸宗派のほとんどを網羅する三十三宗派、五十三法要、四百五十余曲の声明曲を全二十八枚のレコードに収めた、文字通り声明の集大成です。その音盤や解説本ならびに付録『声明辞典』（二八八頁）などを通じて、仏教音楽の現状を見渡すことが可能となりました。

そして鑑賞の手引きとして『声明辞典』が添えられましたが、その直後から、さらに充実した辞典編纂への要望が各方面から寄せられました。この『声明辞典』の編纂にあたった私としては、その責任をとる上からも、以後その仕事に取りかかることになりました。そこで『聲明大系』と『声明辞典』の執筆者で天台声明の権威であり研究者である天納傳中師と、浄土真宗本願寺派の声明家・研究者の播磨照浩師と私の三人の共同で作業に入り、約三年後にほぼ原稿が揃い、仏教音楽再発見の機運を象徴するといってもいい十年ごしの共同事業が完成しました。

この辞典には、伝統儀式音楽の分野に加えて、現代仏教音楽の分野があります。出版元の法藏館の社長の進言により同社が保存している大部な現代仏教音楽の楽譜をこの機にぜひ活用しようということになったのです。その楽譜は真宗大谷派の音楽上の指導者であった清水洪師を中心とするメンバーが長年の調査によって蒐集したもので、いずれは整理して世に出そうとしたものです。清水洪師の逝去によりその構想は中断し、楽譜は法藏館の片隅で眠っていましたが、富山県高岡市の研究家がその整理に非常な関心をもって法藏館に度々訪ねて来られるとのことでした。その方が飛鳥寛栗師でした。その時までに同師はすでに厖大なコレクションをもち、そのコレクションの紹介項目も同師の手で加わることとなりました。

このように飛鳥寛栗師の参加を得て辞典の取り扱う範囲も広がり、文字通りの『仏教音楽辞典』となりました。また私の恩師で京都市立芸術大学音楽学部名誉教授の片岡義道先生、国文学者の金田一春彦先生、作曲家の黛敏郎氏が推薦のことばを寄せて下さったことは大きな喜びでした。

この『聲明大系』や『仏教音楽辞典』によってもわかることですが、仏教儀式の構成の多様さと音楽上から見た形式や旋律の多彩さには驚きと同時に一種の感動さえ覚えずにはいられません。仏教音楽の今日的意味の再発見とともに、表舞台への復帰をさらに強く願ってやみません。

はれやかな四箇法要

およそ法要《ほうよう》の名称は大きく二種類に分けることができます。一つはその法要の目的を、もう一つは内容を表わしている名称です。たとえば、目的は「慶讃《けいさん》」「記念」「供養《くよう》法要」、内容は「四箇法《しかほう》要《よう》」という場合がそうです。この四箇といいますのは唄《ばい》・散華《さんげ》・梵音《ぼんのん》・錫杖《しゃくじょう》という四つの声明曲のことをいい、この四つの曲を中心として構成されている法要を「四箇法要」というのです。四箇法要の歴史は古く、天平勝宝四（七五二）年の東大寺大仏開眼供養会《かいげんくようえ》において営《いとな》まれた記録（『東大《とうだい》寺要録《じようろく》』）が残されています。このときは唄師《ばいし》（唄を唱える僧）が十人、散華師が十人、梵音・錫杖はそれぞれ二百人、そして聴聞随喜《ちょうもんずいき》の僧は二万人であったといいますから、いかに大規模な法要であったかが想像できましょう。

この四箇法要は平安時代には天台宗・真言宗でも行なわれるようになりました。そして両宗特有の密教系の法要の際には唄と散華だけを唱える二箇《にか》法要という形式が生まれました。もっとも昨今では四箇を省略して二箇とすることも多いのですが、密教系の二箇とは別物です。この両者の相違は、四箇では「如来唄《にょらいばい》（＝始段唄《しだんばい》）」が、密教系の二箇では「云何唄《うんがばい》」が唱えられますのでわかります。

この四つの曲（唄・散華・梵音・錫杖）を音楽の面から見ますと、いずれも一字ごとに長いふしが付いていて、ゆっくりと唱えられます。なかでも唄は大変長大な曲です。秘曲とされ、唄師という資格をもった僧により、唄屏《ばいびょう》風と呼ばれる囲いのなかで声明譜本を隠すようにして、小さな低い声で、しかも散華と同時に唱えられます。詞章は、仏の姿の立派さと美しさは他に比べるものがない、と仏を讃えています。

唄と同時に唱えられます散華という曲は、三つの部分からなっていて、中間部は本尊の別によって詞章が変化します。そしてこの曲を唱えつつ蓮華の花びらを象った華葩《けは》（紙製）を道場に散らします。もちろん、これは花に代わるものです。この曲は諸仏を道場へお迎えするにあたって、香と花でもって供養《くよう》しますと唱えています。

また梵音は、あらゆる国より集めた美しく妙なる花をもって、あらゆる国々に撒き飾り、仏に供養しますと唱えています。

錫杖は、手に錫杖という法器《ほうき》を執《と》り、これから我々一同はできる限り多くの人々に施しをするための法会を催《もよお》して、本当の仏の道を行ないたいなどという願いを唱えます。そして曲中の指定されたところで錫 杖《しゃくじょう》が振られます。

ところで、声明のふしは本来一本だけです。しかし唄と散華が同時に唱えられたり、散華に続く対揚という曲では「取次第《しだいどり》」といって、一人が二文字ほど唱えたところで他の僧たちが、始めから追いかけるというように輪唱のような効果を出すところもあって、この四箇法要はまことに変化に富んだものとなっています。

このように歴史のある、大規模で絢爛たる四箇法要は、今日では行なわれることが大変珍しくなっており、私としても大変残念なことのように思えます。

念仏と芸能

ご存知のように念仏には、仏様のお姿を心に憶《おも》い浮かべることと、その仏様のお名前を口に出して唱えるということの二つの意味があります。ですから仏様の数と同じだけの念仏があることになります。事実、奈良や天台・真言諸宗には「南無毘盧舎那仏《なむびるしやなぶつ》」「南無観世音菩薩《かんぜおんぼさつ》」「南無釈迦牟尼仏《しやかむにぶつ》」など数え切れないほどの念仏が行なわれています。しかし浄土思想が高まるとともに、阿弥陀仏《あみだぶつ》への信仰とその念仏が広まり、やがて念仏といえば、「南無阿弥陀仏」を指すかのような勢いとなっていきました。

このように念仏が人々の間に広まるについては空也《こ(く)うや》（九〇三〜九七二）や一遍（一二三九〜一二八九）といった遊行僧の果たした功績の大きかったことは言うまでもありませんが、やはり親鸞とその教えを受け継いだ人々が大きな力となったことは歴史が示しています。また浄土宗・西山浄土宗・時宗・融通念仏宗の流れが、念仏の伝承と普及に大きな役割を担《にな》ってきたことも、これまた事実でありましょう。

また、このようなわが国での浄土思想の源を内蔵していた天台宗自体の勤行や法要のなかには、早くから念仏が組み込まれていましたし、ましてや、その後に展開しました念仏を主旨とする各宗派におきましては、法要儀式のなかで念仏が重要な構成要素となり、さまざまな工夫をこらした美しい旋律を施して唱えられるようになりました。

各宗派の念仏を思いつくままにあげると、次のようなものがあります。天台宗の甲《こう》念仏・乙《おつ》念仏・九声《くしょう》念仏・八句《はっく》念仏、真宗各派の念仏（式間《しきあい》・三重《さんじゅう》・寄句《よせく》……）、浄土宗の十念・一唱一礼《らい》・礼《らい》拝《はい》念仏・笏《しゃく》念仏・称讃偈《しょうさんのげ》念仏、時宗の合《あい》念仏・薄《すすき》念仏（踊躍《ゆやく》念仏を含む）・別時《べつじ》念仏・晨朝引声《じんじょういんじょう》念仏、西山浄土宗の白木念仏《しらきのねんぶつ》など……その数はかぞえ切れません。これらの念仏は、ときには哀調を帯び、ときには力強く唱えられ、聴聞の人々の心に深く浸み込んだことでしょうし、また、期せずして唱和も行なわれたことでしょう。そしてその感動を自分たちの生活のあらゆる場面や行事のなかで再現しようともしたことでしょう。それだけではありません。信徒の手になる念仏芸能が、逆に寺院の法要に採り入れられている例（白木念仏など）もあります。いずれにせよ念仏とそれに根ざした芸能は、実にさまざまな形をとって伝承されています。口に念仏を唱え、鉦や太鼓を打ちつつ踊る踊り念仏は、今日も時宗の法要儀式として行なわれているのみならず、民俗芸能として各地に伝わっています。東海地方の遠州《えんしゅう》大念仏や京都の空也念仏・六斎《ろくさい》念仏などはその例です。

また、もともと天台宗の説教として出発したものが真宗へと引き継がれ、説教者と聴聞の信徒とが湧き起こる歓喜の念仏によって一体となるという節談《ふしだん》説教も、厳格な系譜の遵守《じゅんしゅ》と説教者の専門化の上に伝承せられた念仏芸能ということができるでしょう。

法要中に信徒が歌と踊りを供養する例もあり（小《こ》念仏）、やがてこれを盆や彼岸会《ひがんえ》や念仏講でも行なうようになったものもあります。これらのなかには盆踊りへと進んだものもあるとされています。多くの地方で盆踊りのことを念仏踊りや大念仏と呼ぶことにも、このことがうかがえます。これらの念仏や芸能は、多くの場合、念仏講の人々によって支えられ、伝承されてきました。一九八八年秋、ふと訪れた民謡の宝庫、埼玉県日高町の田園地帯で、街道の傍にひっそりとたたずむ一体のお地蔵さんが目にとまりました。その台座には「元禄二年念仏講中」と刻まれていました。この在所の念仏講中の人々の生活の息吹きが伝わってくる思いに、思わず掌を合わせていました。

＊

仏教の高遠な思想内容をわずか六文字に凝縮《ぎょうしゅく》させた「南無阿弥陀仏《なむあみだぶつ》」という名号《みょうごう》を、末法《まっぽう》の世を地でいくような動乱と災禍を目《ま》のあたりにした平安時代末期から鎌倉時代にかけての人々は、どのような思いを込めて口にしていたのでしょうか。

そしてこの念仏が、当時の多くの人々に生きるための新しい心の拠りどころとして野火のように全国に広まり、庶民の生活に深く根づいていったことは、その後の念仏諸宗の歴史を見てもわかります。この念仏は初期のただひたすらに称名する念仏から、やがて僧侶の手によってわが国の音楽史上、いや世界でも類をみないほどの多種多様な旋律がその六文字の上に施されて、寺院においては声明曲の一大種目を形成し、寺院の外では無数の念仏芸能を成立させる源泉となっていきました。

平安時代にも空也や良忍《りょうにん》（一〇七三～一一三二）といった念仏僧が市井《しせい》に文字通り踊り出て、庶民に念仏を弘《ひろ》める活動をしましたが、仏教そのものが庶民に身近な存在となるためには、やはり法然とその弟子たちの出現を待たなければなりませんでした。念仏の広がりこそ仏教と庶民を結びつける最も強い力となったのです。

寺院における法要儀式も庶民が参詣《さんけい》し、念仏を唱和し、説法を聴聞《ちょうもん》する場となっていきました。そこでは僧侶による厳粛《げんしゅく》な、そして、ときには華麗《かれい》にして哀調《あいちょう》さえ帯《お》びた念仏の声に触れて、聴聞者たちは心の奥底に深く感じるものがあったでしょう。多くの人々がその響きに魅了《みりょう》されつつ、浄土信仰に心を開き、導き入れられていったことでしょう。

このような念仏曲を庶民が自分たちのものとするには、動きのともなった形態のものがより受け容れやすかったことは、その後の民間伝承の念仏の大部分が、そうした形態をとっているのをみてもわかります。念仏の民間芸能化にあたって、モデルとなったのが、空也や良忍の念仏弘布の姿であったことは注目すべきことです。彼らが共通して手にしていたのは「鉦」であり、その鉦を打ちつつ口に称名して身体は歓喜踊躍《かんぎゆやく》の姿をあらわしていたのです。

ところで念仏の伝播と芸能の創造に大きな役割を果たしたのは、在俗の念仏者たちです。彼らは主として講を組織して特定の寺院に所属し、法要と関連して一定の役割を演じました。また、あるものは念仏芸能を生活の糧として旅を続けました。しかし今伝承されている念仏芸能のほとんどが、講やそれに準じた組織によって担われ、放浪芸《ほうろうげい》的念仏芸能は他の芸能のなかに取り込まれたり、部分的に残存しているにすぎない状態です。

この講念仏とでもいうべき念仏芸能は、今日では祖霊《それい》信仰としての盆の行事と結びついて、盆踊りの一環として伝承され、念仏踊りや六斎《ろくさい》念仏踊りの形をとることが多いようです。また、葬儀式において踊られる踊りの念仏の例もあります。さらに寺院の法要の前後に、講員による念仏が、一定の時間と場所を占めて行なわれたりもします。

このような念仏芸能はやがて、さまざまな他の諸芸能とも結びつき、あるものは大念仏狂言のように演劇的な展開を遂《と》げ、さらには歌舞伎《かぶき》のような芸術的芸能の成立の大きな動機をも提供するまでになりました。その出発点に、阿国《おくに》の念仏踊りがあることが、何よりもそのことを示しています。片や歌舞伎・文楽《ぶんらく》を頂点とする総合芸術、片や念仏踊り・太鼓踊りをはじめとする今日に伝わる民俗芸能の大部分が、その源《みなもと》を念仏とすることは、わが国の文化の形成に果たした念仏の偉大な役割を物語るものであり、そのすさまじいエネルギーに畏敬《いけい》の念を禁じえません。

大念仏寺の踊り念仏

融通念仏宗に伝わる大念仏寺（同宗総本山）の踊り念仏は、檀信徒で組織する大和禅門講《やまとぜんもんこう》の講員によって演じられる踊躍念仏です。伝承によれば、この講と踊り念仏は大念仏寺四十六世大通《だいつう》（融観とも。一六四九～一七一六）によって組織されたといわれますが、その時期は、良忍の開宗からはるか五百年を経てからのことです。この講はもともと十四世紀頃の共同体を基盤とする惣《そう》を中心としている点や、他の伝によると元亨元年（一三二一）に同宗七世の法明 良 尊《ほうみょうりょうそん》（一二七九～一三四九）が踊ったのに始まる（『三祖畧《りゃく》伝』）と伝えている点からも、中世の高野聖《こうやひじり》や時衆の念仏の要素とも渾然一体となった古態をそのなかに伝えているように思われます。また演者が僧衣である黒衣をまとい、鉦《かね》の耳に通した紐を直接手に握って打ちつつ踊る素朴な姿からも、そのことをうかがうことができます。

現在、講員は三百名といわれ、そのなかから十五～二十名が毎年五月一日から五日まで、大念仏寺で営まれる万部会に出講しています。この万部会では、『阿弥陀経』の読誦を行なう本行の前に、十菩薩（大遠忌などでは二十五菩薩）のお練《ね》りが行なわれますが、講員による踊り念仏は、このお練りの先頭を切って行なわれます。黒衣をまとった大和禅門講の講員たちは一列に並び、各自が左手に鉦、右手に撞木《しゅもく》を持って、鉦を身体の左右斜め上に振りかざして打ち鳴らします。ステップは片方の足を斜め前方に踏み出し、次にその足に残った足を揃え、その足をただちに斜め前方に踏み出すことを繰り返しながらジグザグに前進します。そして同時に口に「融通念仏《ユーズネンブツ》　南無阿弥陀仏《ナームアーミダーブツ》（・印は鉦の打点）をほとんど旋律なしで繰り返し、「念」と「陀」はアクセントをつけて下から上へずり上げるように唱えます。全体に非常に力強く、歓喜踊躍の姿がよく表現されています。

この融通念仏宗の踊り念仏は、今では他にほとんどみられなくなった菩薩のお練りと結びついていることや、今日でも葬儀の出棺（土葬時代では埋葬）時に、棺を巡って踊られるなどの点も、古態を偲ばせます。またこうした点でも時宗の薄《すすき》念仏とも相通じるものがあります。

このような念仏の一形態としての踊り念仏や双盤念仏から、やがて念仏芸能とでもいうべき諸芸能が展開し、仏教の庶民化に大きな役割を果たすこととなります。そのなかでも、仏教をいちだんと庶民の身近に引き寄せるはたらきをしたものの一つに「大念仏」があります。この名でよばれる念仏行事は全国的な広がりをみせて、現在も各地で行なわれており、内容はじつに多様性にとんでいます。これら大念仏の共通点は、大衆が一所に参集して念仏を唱える法会であること、踊躍の姿をあらわす踊りと鉦・太鼓・笛などの演奏のあることですが、念仏を大衆によらずに法要形式で僧または講中のみが唱える例（京都清凉寺、同壬生寺）があったり、踊りについても、踊り手と打楽器奏者が役割を分担している場合と両方を兼ねている場合など多様です。楽器についても金属製打楽器は、鉦のみではなく鰐口《わにぐち》（清凉寺、壬生寺）や双盤（静岡県浜松市遠州大念仏）の場合もあり、また太鼓は締太鼓《しめだいこ》が共通ですが、演奏の形態によって居太鼓・腰鼓《ようこ》など、用い方が異なります。さらに、これらの楽器に「ささら」が加わる例（岩手県花巻市永井大念仏）があるなど、各地各様の特色をみせています。

ところでこの大念仏は、当初には寺院と、そこに参集する念仏信仰者によって成立した念仏法要でしたが、その後、余興として田楽《でんがく》・風流《ふりゅう》の要素を取り入れた諸芸能が発展し、その結果、神社・仏閣を中心として、これまた田楽や風流と結びついて、広く分布している「念仏踊り」や「太鼓踊り」との区別が判然としなくなっている場合が多いようです。例えば厳 島《いつくしま》神社（山口県秋芳町堅田）の「念仏踊り」や八幡神社（滋賀県伊吹町春照）の「太鼓踊り」に神仏混交の姿をみることができます。この二つの神事はいずれも雨乞《あまご》いとその返礼の行事です。また疫病退散を祈願する鎮花《はなしずめ》の神事で知られる今宮《いまみや》神社（京都）の「やすらい祭り」でも、鉦と太鼓を打ちながら跳躍の踊りが行なわれます。大念仏興行の重要な目的のなかに、鎮花・雨乞い・虫送りの願いがこめられていることと考え合わせれば、この両者は渾然一体となって、人びとの日々の生活と不可分に結びついた民俗行事となっていったことがわかります。

壬生の大念仏狂言

多様な内容をもつ大念仏のなかで、特異な展開を遂げ、芸能として高度に整った形態を備えるに至ったものに京都壬生寺《みぶでら》に伝わる「大念仏狂言」があります。狂言とはもと猿楽の物真似滑稽劇に起源をもちますが、壬生寺の狂言は、同寺を中興した円覚《えんがく》上人導御《どうご》（一二二三～一三一一）が嵯峨《さが》清凉寺《せいりょうじ》・双丘《ならびがおか》金剛院・壬生寺などで自らはじめた融通大念仏会において、余興としてこの狂言形式をかりて、仏教の教説を参詣の人びとに示したのに始まるとされています。

余興といってもおそらく当初は、念仏の合間に行なわれた説教や講話に演技が加わり、それがある段階で専門の芸能者にゆだねられるようになったと考えられます。その初期の念仏唱和または説教の模様は、『壬生《みぶ》宝幢三昧寺《ほうとうざんまいじ》縁起《えんぎ》』（元禄十五年・一七〇二年刊）の絵図から推察されます。そこには鰐口打奏と念仏唱和の様子が生き生きと描かれています。

この狂言は鰐口の打奏と笛の吹奏に乗って進行する無言劇ですが、中世芸能の能や狂言から多くの素材を取り入れて演目を増やし、多いときには四十数番を数えたといいます。現在も、四月二十一日から二十九日まで毎日五番（重複あり、最終日は十番）、計三十番が演じられています。本来の大衆による念仏唱和は現在はみられませんが、それでも行事全体は法会の形式によって行なわれています。二十日午後三時の開白《かいびゃく》法要に始まり、同日の勤行と翌日の朝六時の後夜《ごや》勤行と続き、狂言は日中時の奉納として演じられます。期間中毎日、狂言終了後に舞台に講中が整列して「お初夜《しょや》」の勤行が営まれ、最終日（二十九日）の狂言終了後には結願《けちがん》法要となります。これらの法要では念仏が旋律をともなって唱えられており、その法要次第と旋律は、同寺に現在伝わる、正保四年（一六四七）書写本『大念仏次第』の内容にほぼ一致しています。

狂言は現在、三十数名の講中の交替によって演じられ、囃子《はやし》（鰐口・太鼓・笛）は古くから若中《わかじゅう》とよばれる壬生六斎念仏の伝承者（六斎衆）が受け持っています。この六斎衆は祇園祭の「綾傘鉾《あやがさぼこ》」の囃子である「棒振り囃子」を演じるなど、ともに鎮花祈願の宗教行事として、神仏との関連を強く示しています。

踊り念仏から念仏踊りへ、そして芸能への展開は、このように無数の民俗的芸能の成立を促す一方、狂言・歌舞伎など芸術的芸能の成立にも大きな動機を与えたのでした。

歌舞伎と仏教

あたかも大念仏が、まわりの諸芸能を取り入れつつ多様な形態を生み、独特の狂言を育てたように、近世初期の念仏踊りは当世風流の「傾《かぶ》き踊り」を生む核となり、そのうえに三味線楽・能楽・

人形劇などの諸芸能の要素を貪欲に吸収しながら一大総合芸術の歌舞伎へと昇華していく出発点に位置しています。阿国《おくに》の念仏踊りは何よりもこのことを象徴的に示しています。そしてこの歌舞伎はわが国の音楽や舞踊のみならず、演劇・美術・建築・文学に格好の展開の場を提供することになったのです。

念仏は、わが国において最大限に展開しえた仏教の実践行であると同時に、それ自体のなかにさまざまな形態をとって展開するエネルギーと可能性を有していたと言えましょう。庶民がこの念仏を手にしたそのときから、何よりも芸能の分野でそのことが証明されたのではないでしょうか。

平安末期から鎌倉時代にかけて、仏教が庶民のなかに定着するには、念仏が大きな役割を果たしましたが、近世に入ると、風流化した念仏踊りは、能などの先行芸能や当時盛んであった「ややこ踊り」などの要素を取り入れて、いよいよレビュー化した「傾き踊り」とよばれる踊り芸能のなかに組み入れられていきました。やがて、観衆である当時の庶民、主として都市市民（町人）の嗜好や興味や願望を取り入れた寸劇的要素をも加えて、歌舞伎が生まれたのです。

社寺の支配下に置かれたり、能のように形式美と精神性によって完結しているような中世芸能に反発するかのように、異体・異様な「傾き」をモットーとして出発した歌舞伎にとっては、たぶん、仏教と念仏踊りも利用すべきものの一つであったでしょう。

阿国の念仏踊りは、相棒であった名古屋《なごや》山三郎《さんざぶろう》の霊を呼び出して茶屋遊びをするという回想を導き出すための、一つの演出であったと思われます。この「茶屋遊びの踊り」の出し物は、女が男を、男が女を演じ、互いに戯れ踊るというもので、人気を博した出し物でした。

観衆の興味や嗜好を敏感かつ敏速に読みとり、即刻舞台に生かして観衆を獲得することに歌舞伎の存立はかかっていたのであり、初期の歌舞伎の重要な出し物（狂言）に念仏踊りがあることを考えると、この踊りの庶民のあいだの人気の高さがうかがわれます。

歌舞伎は元禄期（一六八八〜一七〇四）以降には人形劇と結んだ語り物音楽の浄瑠璃から、その物語的内容や構成を取り入れます。近松門左衛門の『国姓爺《こくせんや》合戦《がっせん》』や、竹田出雲・並木千柳・三好松洛合作による『仮名手本忠臣蔵』などにもみられるように、浄瑠璃のための作品が歌舞伎に移されて上演されることがしばしば行なわれました。浄瑠璃は先行する講式・説経・論義・琵琶など、語り物としての中世仏教音楽が近世に入って展開した芸能のひとつです。歌舞伎はそのような浄瑠璃と接触・交流することによって、それまでのレビューや寸劇中心から、筋書きや構成をもつ演劇的性格を備えることになったのです。

寺院楽器と歌舞伎

歌舞伎のなかの語り物（浄瑠璃系）を除いたすべての伴奏音楽を「囃子」というならば、それに用いる楽器の大部分が仏教寺院の楽器と共通していることには、目を見張るものがあります。

歌舞伎は、能の四拍子《しびょうし》（笛・大鼓《おおつつみ》・小鼓・太鼓）や、外来楽器の三味線を長歌《ながうた》の囃子に用いて、新しい芸能分野での使用と展開の可能性を開拓したと同じように、仏教寺院の楽器の新しい使用法と可能性を、追い求め続けたといえるでしょう。歌舞伎の囃子場（演奏場所。通常、舞台下手黒御簾で仕切った一角。下座《げざ》）に用意されているおびただしい寺院楽器は、それらの音がすでに庶民の生活をとりまく音環境のなかに、完全にとけこんでいたことを示しています。そのことがあってはじめてこれらの楽器の響きは、舞台で繰り広げられるさまざまな場面の情景描写や、登場人物が織り成す情感と観衆とを一つに結びつける役割を果たしえたのです。

近世に入って、寺院音楽自体は、もはや発展ないしは展開の力を失ってしまいました。このことは、新しい声明や音楽の創造を促す新しい形式の法要儀式や活動の場の開拓が、ほとんどみられなくなったことを意味しています。

しかし中世芸能の多くが、近世に入っても主として農村を基盤として、より深められ広がりをもって伝承されていったことは、特筆しておかなければなりません。念仏講や鉦講をはじめとする庶民の組織が、芸能を支えつづけている姿に、現在その例をみることができます。

一方、近世都市の住人である町人たちの手に渡った芸能は、都会的に洗練されることによって芸態を磨いていくこととなりました。中世起源の芸能の大部分は、多かれ少なかれ大社寺や将軍家と諸大名らによって、興行権や経済上の特権が与えられていましたが、歌舞伎はそのような枠からはみ出て、庶民自らが支え、育てた都市型芸能なのです。しかし、この歌舞伎が武士や僧侶の人気をも奪う勢いに狼狽した幕府は、封建制の定着を目指した政策をおびやかす存在として、たびたび弾圧を加えました。その主な表面上の理由とされたのは風紀上の問題でした。しかし、そのたびに歌舞伎は庶民のしたたかな再生力と支持を得て甦《よみがえ》ります。女歌舞伎から若衆《わかしゅう》歌舞伎へ、そして野郎《やろう》歌舞伎へと、むしろそのたびごとに大きな発展を成し遂げて今日に至ったのです。

さて寺院音楽、なかでもその楽器は歌舞伎の舞台で生かされ、かつ観衆の強い共感と人気を得ましたが、ではその用いられ方はどうであったでしょうか。

まず阿国の念仏踊りには鉦が登場します。また、元禄期の「心中物」や「巡礼物」などの世話物にかぎらず、「時代物」などでも、演出上のクライマックスを築くときに好んで用いる楽器に本釣《つり》鐘《がね》があります。釣鐘はこのようなはたらきと同時に、この世の無常とはかなさを、舞台で繰り広げられる場面をとおして、観衆の心底に染み入るように説き迫る力をもっていました。たとえば安《あん》珍《ちん》・清姫《きよひめ》の伝説を材とした「道成《どうじょう》寺物《じもの》」の集大成といえる藤本《ふじもと》斗文《ぶん》作『京鹿子《きょうがのこ》娘道成寺』では、安珍を求めて紀州道成寺にいたった白拍子《しらびょうし》花子（清姫）が所化《しょけ》（寺僧）たちの前で舞い踊りますが、この場面では、安珍が潜んでいる鐘が重要な役割を果たします。また、お初・徳兵衛の心中を題材とした近松の浄瑠璃作品『曾根崎心中《そねざきしんじゅう》』（元禄十六年・一七〇三年初演）は、その後の「心中物」の隆盛の契機となり、歌舞伎にも移されましたが、心中場面の情景に響く鐘の音の鮮烈な印象は、この鐘の果たす役割を十分に示しているといえましょう。

仏教法要においては進行の区切りに打たれる磬《きん》（歌舞伎では磬の字があてられる）や、読経の際にリズムやテンポを揃えるために打たれる一《ひと》つ鉦《がね》（小型化したものは鈴虫・松虫という）、および木魚《もくぎょ》は、歌舞伎では寺院の情景描写の効果音として用いられます。また同じく読経時に打たれる戒尺《かいしゃく》や音木《おんぎ》は、歌舞伎では大型化して「柝《き》」となり、幕の開閉の合図や予告などのために打たれます。さらに寺院では僧侶の上堂を促したり、法華系各宗の唱題（「南無妙法蓮華経」を唱える）に際して打たれる樽形両面鋲打ち太鼓は、歌舞伎では「大太鼓」とよばれて、さまざまな情景描写の基本楽器として不可欠な存在となっています。

歌舞伎で用いるこのほかの寺院楽器は、双盤・チャパ（小型の鈸《はち》——シンバル類）・柄《え》太鼓・団扇《うちわ》太鼓・銅羅《どら》・錫杖《しゃくじょう》・笏拍子《しゃくびょうし》・木鉦《もくしょう》・盤木《ばんぎ》・砧《ちん》・鈴《れい》など多数にのぼっています。その種類の多さと役割の重さにおいて、同じく他の分野の芸能、たとえば能囃子（四拍子）・祭礼囃子・民俗音楽・民謡などから入ってきた楽器と比較しても、最も重要な位置を占めていることがわかります。このように寺院楽器を取り入れることによって、歌舞伎は音楽的・演劇的表現の幅を大いに広げ得たのです。

開帳物

このように庶民の生活に根ざした素材から目ざとくテーマを見出すことを生命としていた歌舞伎が、開帳《かいちょう》という近世における仏教寺院の行事と庶民とのかかわり方に気づかないわけはありませんでした。元禄期以後とくに盛んとなった寺院の秘仏開帳と、庶民の群参がそれで、この開帳は、寺院にとっては堂塔建立や修復などの費用を募《つの》る勧進興行であり、庶民にとってはまたとない行楽の機会でした。開帳場（多くは寺院）への道中を、大勢の人びとが浮き浮きとした気分で、思い思いの衣装を凝らして向かう姿は一種の風俗となりました。門前には多数の出店が立ち並び、見せ物小屋が設けられることも稀ではなく、また、遠隔地の寺院が、江戸・京都・大坂などの寺院に、本尊や数々の霊宝を移して行なう出開帳《でがいちょう》も盛んでした。

この開帳をあてこんだ出し物（狂言）も、その時期に合わせて主として最寄りの常設小屋で舞台にかけられ、また遠く離れた常設小屋での興行も、開帳ブームに支えられて反響をよび成功することも珍しくありませんでした。近松門左衛門の『けいせい阿波《あわ》の鳴門《なると》』『けいせい仏の原』『けいせい壬生大念仏』などは代表的な「開帳物」で、大人気を博しました。こうした開帳物では、通常、筋書きそのもので開帳される秘仏を扱うわけではなく、傾城《けいせい》（遊里）を舞台として繰り広げられる人間模様の顛末を描いた後に、開帳場面が用意され、そこで本尊秘仏の霊験が披露され、一座総出の大踊りが踊られて大団円という形式がとられたのです。

鎮魂劇

歌舞伎は、寺院楽器を多数自らのものとしたのにとどまらず、庶民の風俗や信仰とも深い関係をもち続けてきました。例えば、曾我兄弟の対面と仇討ちを扱った「曾我物」とでもいうべき作品群は、初期には兄弟の亡き魂を弔い、まつる意味をこめた盆の興行の重要な演目でありましたし、のちに正月の演目となったのも、正月がやはり亡魂を迎えてまつる民俗行事であったことによっています。このほかにも「心中物」や「年忌物」（『夕霧七年忌』など）は言うにおよばず、かの『仮名手本忠臣蔵』や『勧進帳』なども、非業の死を遂げた実在の人物への壮大な鎮魂劇《ちんこんげき》ということができます。これに類する作品は歌舞伎のなかできわめて多く、かつ重要な位置を占めています。これらの舞台に登場する人物は、言うなれば亡霊ということになりますが、そこに阿国の念仏踊りと亡霊名古屋山三郎との寸劇にみられた歌舞伎の原点があります。このように一見きらびやかな衣装や道具だて、誇張された形式美の極致をみせる演技を、死者への供養とはなむけと理解することも可能となるのです。絢爛たる歌舞伎の深底には、こうした仏教的要素や日本人の生死観《しょうじ》が厳として流れています。

(『図説日本の仏教』(五) 庶民仏教・第四章二〜三、新潮社、一九九〇年より)

魚山のいわれ

「魚山《ぎょさん》」は、日本では良忍《りょうにん》によって声明の道場とされた京都大原の来迎院《らいごういん》や勝林院《しょうりんいん》のある三千院一帯の地を指しますが、同時に声明のことを「魚山」ともいいます。一一三八年に天台宗の声明家宗快《しゅうかい》が、声明曲の記譜上の原則(出音図《しゅっとんず》)を示した自著を『魚山目録』と名付けているのをみても、このころまでには大原と声明の代名詞として定着していたものと思われます。

また、一四九六年に長恵《ちょうけい》(一四五八〜一五二四)が編纂《へんさん》した真言宗の基本的な声明曲集の巻末に「魚山蠆芥集《ぎょさんたいかいしゅう》」とあるのをはじめ、その後、「魚山私抄《ししょう》」「魚山集」などの名称をもつ声明曲集が多く著わされてきたところを見ますと、真言宗でも「魚山」が声明の意味で用いられてきたことがわかります。

ところで、この「魚山」とは一体どういうところからきたことばでしょうか。その答えは中国の地名にあります。この地名は中国の多くの古い文献に出てきます。そのなかから数例を紹介しますと三国時代（二二一～二六五）のことを述べた『三国志』（晋・陳寿二三三～二九七篇）の注釈書を補った杭世駿の文中に「陳思《ちんし》王《おう》が、かつて東阿を臨む魚山に登って誦経の声を聞いた」とあります。

また唐（六一八～九〇七）の道宣篇の『広弘明集』にも、「植がかつて魚山に遊んだとき、空中に梵音の賛を聞いた」と述べています。さらに、やはり唐の道世が著わしました『法苑珠林《ほうおんじゅりん》』にも「陳思《ちんし》王　曹《おうそうち》　植《（しょく）》（一九二～二三二）が魚山で空中に梵天の響きを聞き、これを摸して梵唄を造って後世に伝えた」とあります。

しかし、そもそも中国の地名「魚山」の名は何に拠っているのでしょうか。そのことについて『法苑珠林』や、宋代に法雲《ほううん》によって書かれた『翻訳名義集』などを総合してみますと、仏教の世界観と関係があるようです。すなわち、世界の中心には須弥山《しゅみせん》があり、その廻りは九山八海にとり囲まれています。そのなかの第六の山を尼民達羅《にみんだら》または地持山といいます。そしてこの山の形が海中の魚に似ている、というのです。どうやら中国では、この尼民達羅を魚山と訳し、東阿市の魚の形に似た丘陵を魚山と名づけたと思われます。そして陳思王曹植の逸話と結びついて、中国梵唄（声明）発祥の地とされ、やがて梵唄（声明）の代名詞となっていったものと考えられます。

魚山（東阿市 1966年調査当時）

なお、陳思王曹植とは、『三国志』の英雄曹操《そうそう》の第三子で曹丕《そうひ》の弟のことです。字は子建といい幼少から文才を発揮し、父曹操の寵愛《ちょうあい》を受けて幸せに暮らしていましたが、父の死後兄たちに疎まれ、転々と領国を移され、最後は陳で没しました。諡（おくり名）が「思」であるところから陳思王と呼ばれるようになりました。なお曹植はわが国では「そうしょく」と読まれることが多いのですが、「そうち」としたほうが現在の中国語（北京語）により近くなります。

曹植は中国はもちろんのこと、日本においても偉大な詩人として今日も尊崇を集め、また悲劇の王族としてしばしばその名が出てきますが、中国声明の始祖として彼の名が登場することは現在の中国でも極めて稀です。それどころか、この曹植と魚山を結びつける逸話は、単なる伝説としてほとんど顧みられていないのが現状です。そのなかにあって東阿市博物展示館副館長の劉玉新氏らの仏教音楽研究の立場からの研究には大いに敬意を払いたいと思います。

山東半島から少し内陸に入った済南市から南西に長清・平阻を通って黄河を渡り、東阿市から南行したところに小高い丘、魚山がありました。丘の南には魚山を迂回するような黄河の流れが遠望され、北から東にかけての一帯には田園のなかに村落が点在していました。丘の麓中央に小さな横穴があり、一九七七年の中国側の調査時にはそのなかに曹植の棺と埋葬品が納められていたといいます。発掘品は北京博物館に運ばれ展示されましたが、現在は東阿市に戻され、墓前に立つ展示場に入ったとのことです。ただ、この丘が長年に亘る採石のために大規模に削り取られている姿には心を痛めずにはいられませんでした。

日本においては、「魚山」の名には重い意味が込められているといわなければなりますまい。天台宗のみならず、大原の地と声明曲集に冠せられている「魚山」の出拠を確認し、中国の「魚山」の地を訪ねることは、諸宗派の声明家にとって大きな課題でもありました。事実、真言宗の調査団も結成され現地に行かれたと聞いています。このようなわが国の仏教界からの訪問が、中国側の魚山の再評価に繋《つな》がればと思っています。

大原流声明の伝承

良忍の正統《しょうとう》は誰か

天台宗大原流《おおはらりゅう》声明の、ごく初めのころにあった興味あるできごとについて見ていきたいと思います。

大原流声明が良忍《りょうにん》（一〇七三～一一三二）によって始められたことはよく知られているとおりですが、その後百年も経たないうちに大変なことがもち上がりました。蓮入房湛智《れんにゅうぼうたんち》（一一六三～一二三七？）と蓮界房浄心《れんがいぼうじょうしん》（十二世紀後半～十三世紀前半）の対立に端《たん》を発《はつ》した諍《あらそ》いがそれです。このうち、湛智を擁護する書『弾偽褒真鈔《たんぎほっしんしょう》』を建治元（一二七五）年に著わしたのは彼の孫弟子にあたる月蔵房宰円《がつぞうぼうさいえん》（十三世紀後半）です。その中で宰円は、湛智こそ良忍以来の伝統を正しく伝えていると主張しました。一方、浄心の側に立った歌人源有房《みなもとのありふさ》（一二五一～一三二九）は、一二九五年の著『野守鏡《のもりのかがみ》』のなかで「声明の曲のあらたまりしはじめを尋《たん》ぬれば、蓮入房といひし人、くは《わ》しく良忍上人の口伝《くでん》をうけざりし流にて、ただはかせにまかせて、大原の声明を興行せしよりして、上人の妙曲《みょうきょく》をうしなへ《え》り」と激しく湛智を非難しました。果たして真相はどうだったのでしょうか。さいわい『弾偽褒真鈔』には、両方の主張がかなり公平に載《の》せられていますので、それを紹介しながら当時の様子を見ていくことにしましょう。
まず良忍については、彼は実兄良賀《りょうが》の弟子であるとし、その良賀は厳纂《ごんさん》の四人の弟子の一人であると述べています。そして「オホヨソ近代山門《さんもん》ノ声明ハ良忍上人ヲ元トス此ノ上人ハモトハコレ叡山東搭《とうどう》ノ東 谷《ひがしだに》阿弥陀房ノ堂僧《どうそう》トナン申シケル」といっています。山門というのは延暦寺のことですから、当時すでに良忍が天台宗声明の中 興《ちゅうこう》の祖《そ》と考えられていたことがわかります。また、良忍が阿弥陀房の堂僧であったとのことだ、といっていますが、親鸞（一一七三～一二六二）が比叡山修学中は堂僧であったと考えられていることや、時代が近いことなど大層興味深いものがあります。

宰円はこの『弾偽褒真鈔』のなかで良忍が、「長 音供養文《ちょういんくようもん》」という声明曲に関しては、尋宴《じんえん》という僧から習われたようだ、と述べています。そしてこの尋宴について「常 行 堂《じょうぎょうどう》声明モ萱尾《かやお》大原《おおはら》トテ両流ニテアリケルカ《が》萱尾《かやお》ノ流ハタエ《絶》ニケルトカヤ萱尾トイフモオナシク《同じ》東 谷下《ひがしだにしも》禅林房《ぜんりんぼう》ノ堂僧尋宴ト申 人《モウスヒト》ノチ《後》ニ遁世《とんせい》シテ無動寺《むとうじ》ノフモト《麓》カヤヲ《萱尾》トイフ所ニイラレタリケル」といっていますが、ここでも堂僧という呼称が出ています。さらに良忍の四人の弟子、頼澄《らいちょう》、叡泉《えいせん》、家寛《けかん》、覚応《かくおう》の名をあげています。それによりますと、まずは頼澄は多武峰《とうのみね》の尭 運房《ぎょううんぼう》のことで、彼の弟子には妙 音院《みょうおんいん》入 道《にゅうどう》藤原師長《もろなが》・信濃法印玄澄《しなののほういんげんちょう》・筑前 守有安《ちくぜんのかみありやす》がいます。叡泉は法勝 寺《ほっしょうじ》の僧で、彼の声明は浄土寺あたりに伝わったが今は絶えたといいます。家寛は東搭南 谷《とうどうみなみだに》の堂僧でしたが、後には瓦 坂《かわらざか》というところに移住しました。彼は密教とその修法の師匠であり、僧位は法印《ほういん》にまでなりました。そして覚応は中山の僧で、浄蓮房《じょうれんぼう》といいます。

このうち家寛《けかん》は承安二（一一七二）年または三年に後白河法皇（一一二七〜一一九二）に声明集を集して献上したことで知られていますが、彼の弟子には慈心房智俊《ちしゅん》や相模阿闍梨行家《ぎょうけ》らがいます。そしてその次の代の蓮入房湛智《れんにゅうぼうたんち》と蓮界房浄心《れんがいぼうじょうしん》の二人が対立し、やがて大原の声明家たちを二分する諍《あらそ》いへと発展するのであります。この湛智と浄心の対立は、具体的に声明上でどのような相違として表われたのか、その実態をつかむことは大層難しいことですが、『弾偽褒真鈔』の記事のなかから可能な限りその様子を見てみたいと思います。

まず、ある年の正月十四日、来迎院《らいごういん》恒例の仏事である慈覚大師報恩のための曼陀羅供《まんだらく》の法要の座に、湛智・浄心の両人が共に着座して「普賢讃《ふげんさん》」を唱えた際、そのテンポのとり方をめぐって諍《あらそ》ったといいます。また、浄心の弟子光覚僧都《こうがくそうず》が唱える「始段唄《しだんばい》」という声明曲は、自分（宰円）が唱えるのとひどくは違っていなかったが、変宮《へんきゅう》と習ったところを彼は正宮《せいきゅう》でゆたゆたと大ユリで唱えていた、といっています。

湛智と浄心

浄心《じょうしん》の弟子光覚《こうがく》が「ゆたゆたと大ユリ」で唱えていたというその「大ユリ」は、現在の大原流声明曲のひとつ「始段唄《しだんばい》」で唱えられる「大二《だいに》小三《しょうさん》のユリ」の一部の「大二」のユリのようではなかったかと思われます。湛智《たんち》の孫弟子の宰円《さいえん》の耳に馴染《なじ》まなかった「大ユリ」が今日の大原流に入っているとすれば大変興味深いことといわなければなりません。この「ユリ」について湛智《たんち》流では五種類の分類が行なわれていますが、浄心《じょうしん》流ではそのようなことはいわなかったとしています。

また一つの声明曲の調子を決める大切な音である「宮《きゅう》」と「徴《ち》」という音が正規の位置より低くなるとき変宮《へんきゅう》、変徴《へんち》といいますが、その際、一律《りつ》（半音）下がるのか二律（全音）下がるのかをめぐって当時、説が分かれていたことが『弾偽褒真鈔《たんぎほっしんしょう》』に記されています。湛智流は一律説、浄心流は二律説を唱えました。この違いは、曲の旋律と表情をすっかり変えてしまうほどの相違ですから、互いに相手を指して間違っていると非難しても、それは無理からぬことといわなければなりません。もっとも、相手（湛智流）を非難したのは浄心流なのですが、ここで注目されるのは、この浄心流の説が妙音院《みょうおんいん》流の説と同じだといっていることです。この妙音院《みょうおんいん》流というのは、多武峰《とうのみね》の頼澄《らいちょう》（生没年不詳・良忍の弟子の一人）から玄澄《げんちょう》（生没年不詳）を経て妙音院藤原師長《ふじわらのもろなが》（一一三七～一一九二）に至り成立した流派で、のちに奈良や関東で大いに盛んとなりました。湛智も変宮《へんきゅう》・変徴《へんち》については初めはこの流と同じ説でしたが安然《あんねん》が西暦八八〇年に著わした『悉曇蔵《しつたんぞう》』の説によって改めたといっています。

浄心・湛智の両流のもう一つの相違点としてあげているのは「出音《しゅっとん》」の規定の有無です。「出音」とは、曲の唱え始めの音のことです。湛智流ではこの音は一つの法要で唱える声明曲相互の調や音位を正確に取るために決められています。無伴奏で唱える声明にとっては大切なことですが、浄心流では注意が払われていなかったようです。しかし『弾偽褒真鈔《たんぎほっしんしょう》』の著者宰円《さいえん》によると、浄心流のなかにも密かに自分が用いている声明集に出音《しゅっとん》を書き込んでいる声明家がいたとのことです。浄心の弟子の光覚がこの出音を間違えた例として、ある両界灌頂《りょうがいかんじょう》（合行《ごうぎょう》）会《え》を宰円が勤めたとき、唱礼《しょうれい》を唱えた光覚《こうがく》が声明曲「仏讃《ぶつさん》」から「百字讃《ひゃくじさん》」へ移るところで音を出し損《そこ》なって二律も高く唱え出したと、記しています。この二つの曲は合行曼陀羅供養会《ごうぎょうまんだらくようえ》で唱えられる曲ですが、「仏讃」という曲は、下無《しもむ》（嬰《えい》へ）で始まり、終わり近くで黄鐘調《おうし(じ)きちょう》となり、黄鐘の宮（ア音）で終わり、そのまま黄鐘調の「百字讃」へと続くように工夫されています。光覚はこのところで失敗したというのです。

このように当時の声明の唱えぶりを彷彿《ほうふつ》とさせる記事がたくさん見えますが、それらのなかからもう一つ紹介しましょう。それは、「長音九条錫杖《ちょういんくじょうしゃくじょう》」という声明曲についてのことです。現在、この曲の調子を指示した譜は見あたりませんが、大原に伝わる譜のなかに、この曲は「三条錫杖」と同じであると書いたものがあります。そこで「三条錫杖」のほうは平調《ひょうじょう》ということがわかっていますから、「長音九条錫杖」も平調（宮ホ音・徴ロ音）だということになります。そのことについて『弾偽褒真鈔』のなかで宰円は次のようにいっています。「……しかし唱えにくいので平調で唱える人は少ない。もし良忍の譜に背《そむ》いているというのであれば、平調で唱えていない人は皆、良忍に背いていることになる。浄心とその弟子たちも平調で唱えているとは聞いていない……」というのです。

このうち、「三条錫杖」の調子は現在では一越調《いちこつちょう》（宮ニ音）で唱えられるのが通例となっておりますし、「長音九条錫杖」は唱えられることはほとんどなく、昭和初期に盤渉調《ばんし(じ)きちょう》（宮口音）で五線譜に採譜されたものが残っています。このように湛智や浄心の時代にすでに他の調子への移調が行なわれていたことがわかるのです。

また声明と雅楽との合奏についても興味のあることを述べています。釈迦の殊《こと》に勝《すぐ》れた相好《そうこう》（姿）を讃《たた》えた声明曲「三十二相《そう》」と雅楽曲「散吟打球楽《さんぎんちょうぎゅうらく》」との合奏はまだしも、「教化《きょうけ》（薪句《たきぎのく》）」と「陪臚《ばいろ》」の合奏は音が全く合わない。浄心流では合うといっているが、おかしなことだ。声明の字数と雅楽の拍子をただ合わせるだけであれば、どのような曲でも合おうというものだというのです。

師匠は誰か

宰円《さいえん》は自著『弾偽褒真鈔《たんぎほっしんしょう》』のなかで次のように記述しています。

「浄心《じょうしん》が「私は家寛《けかん》に声明を習った」というので、湛智《たんち》が「貴方はいつ家寛に習ったのか」と聞いたところ、浄心は「来迎院《らいごういん》の行家《ぎょうけ》の部屋で習ったので、きっと家寛も聴かれたに違いない。だから習ったのと同じなのでそう言うのだ」と答えていたのを聞いた、と叡禅《えいぜん》が私（宰円）に言った（要約）」。

少々話が込み入っていますが、家寛というのは浄心と湛智の二人にとっての二代前の師匠《ししょう》です。家寛が弟子たちを指導していたころは浄心も湛智も幼少で、この二人がその家寛から直接の指導を受けたとは到底考えられません。しかしどうやら浄心は、家寛が自分の叔父にあたるということもあって、自分の声明が湛智の師匠智俊《ちしゅん》よりも一代古い家寛からの伝承だということで、湛智より優位に立つことができると考えていたようです。

この伝承系譜についての浄心の主張には随分無理があったようで、先の（行家の部屋）の話など、かえって彼が行家の弟子であったことを自ら言ったことになります。この智俊と行家が二人とも家寛の弟子であることは言うまでもありません。すなわち浄心と湛智はともに家寛の孫弟子です。

ところで叡禅という人が言ったことばがこの『弾偽褒真鈔』のなかによく引用されますが、この人は宰円《さいえん》の師匠相《しょうゆう》祐の兄弟弟子にあたり、ともに湛智の弟子です。この叡禅が浄心と湛智のやりとりをはじめ、両派対立の生々《なまなま》しい状況を検証《けんしょう》する位置にあったようです。次に湛智の師匠である智俊の声明家としての資質について、

「慈心房《智俊》　瓦坂《家寛》ニ物ナラハレ《習》ケルタヒコト《度》ニ法印《家寛》シキリニ称美《しょうび》シテアハレ相模房《行家》カ《が》コレホト《ど》ノ器《き》量《りょう》ト思ハンニ何事思《なにごとおもい》テントノミツ子《常》ニ申サレケリ」

と述べ、湛智についても、

「蓮入房《湛智》ハ慈心房《智俊》ヨリツタヘ《伝》タル音曲《おんぎょく》ニツキテ管絃ニ符合《ふごう》スルヤウヲ申サレタルニコソアレサレハ《ば》トテ本曲《ほんぎょく》ヲアラタメラレタル事ヤハ侍《はべ》ル蓮入房ハ殊《こと》ニ自由ノ曲ヲイタマレル人トナン」

と、彼が決して自由に雅楽理論でもって声明曲を改めたのではないと述べています。

さらに湛智は、浄心が「梵網戒品《ぼんもうかいほん》」という声明曲を青蓮院《しょうれんいん》の慈鎮和尚《じちんかしょう》に伝授して差し上げたと聞いて、浄心に向かって「貴方は誰から伝授をうけたのか」と尋ねたところ、浄心は「智俊から初

めの一段だけを受けたとき、あとの部分は同じことだと言われた」と答えました。このとき湛智は、「戒品《かいほん》ノ曲タヤス《容易》カラス《ず》再三校合《きょうごう》シタランスラ猶事《なおこと》ユキカタ《難》シマシテハシ《始》メノ一段ハ《ば》カリヲ受テイカテ《で》カタヤスク貴人ニハサツケ《授》タテマツラレタルソ《ぞ》」と憤《いきどお》ったと、この『弾偽褒真鈔』にあります。

ここに登場する慈鎮和尚は、当時天台宗を中心として仏教界に大いに権勢を振るった方ですが、湛智はこの慈鎮和尚から声明指導を要請されたことがありました。しかし断りました。その理由は「和尚は声明曲の旋律などについて、こうすれば、ああすればといつも言われるらしいので、曲を自由に変えることを嫌ってのことだった」といいます。

どうやら、湛智が後々《のちのち》までも「良忍上人の伝統を歪めた」と非難される本当の理由が、この慈鎮和尚のご機嫌を損《そこ》ねたことにあったと思われるふしがあります。『弾偽褒真鈔』の著者宰円は、このことを「もし湛智が慈鎮和尚に招かれたときに行っておれば、青蓮院もきっと湛智流になっていたに違いない。口惜《くちお》しいことだ」と遠回《とおまわ》しな言い方で述べています。

この記述は大原魚山の寺々がまもなく揃って湛智流となっていったことと、青蓮院がかなり後まで浄心流であったことを意味しています。

宰円の音楽観

建治元（一二七五）年に、大原の声明家の宰円《さいえん》が書き記《しる》した『弾偽褒真鈔《たんぎほっしんしょう》』には、まだたくさんの興味ある記事が収められています。

例えば、「四智梵語讃《しちぼんごさん》」という声明曲について、同じ智俊《ちしゅん》の弟子である湛智《たんち》と仙尊《せんそん》では伝承が異なっていたと述べています。「オンバサラ……」で始まるこの曲は今も天台宗のみならず真言宗や、この二宗の声明を受け容れている諸宗派が唱えています。

現在では、この「四智梵語讃」を一つの儀式で三回も続けざまに唱えることは、まずありませんが、大きな法要では近年まで、「列讃《れっさん》」「合讃《がっさん》」「行道讃《ぎょうどうさん》」として唱えていたようです。いまでも「列讃」「行道讃」として唱えることがありますが、大原流ではそのいずれの場合も「オン」は最初のときのみに唱えて、二度目以後は「バサラ」から唱えます。

この伝承が良忍以来のものであることと、仙尊が異説を唱えたことを『弾偽褒真鈔』は伝えて、次のように言っています。

「四智讃三反毎度《さんべんまいど》ニ（オン）字ヲ誦《じゅ》スルハ仙尊ノ説ヨリ出《イデ》キタルト承ル……本願上人（良忍《りょうにん》）ヨリコノカタ大原ノ法則《ほっそく》ニ三反ノウチ初反ハカリニ（オン）ノ字ヲ誦シ来レリ……三昧ノ流（良祐に始まる天台宗の流派、または青蓮院をも指す）ハニクシウツクシ真言ニトリテハ正流也ソレモ初反ハ《ば》カリコソ（オン）ノ時ハ誦セラレ侍レ……サレハ《ば》タ《だ》ヽ三反ナラム讃ニハハシ《じ》メハ《ば》カリニ（オン）字ハアリテ後《のち》ニ反ニハアルマシ《じ》トイフ誠 証《しょうじょう》ニソ《ぞ》ナルヘ《べ》キ」［（ ）は筆者注］。

宰円は、浄心の弟子光覚が湛智を非難した文を掲げています。要約しますと「「最近の延暦寺の声明はことごとく昔と似ていない。それは湛智流が盛んとなったからである。現在の声明は智俊のものとも来迎院《らいごういん》の古いものとも違った新声明となっているとのことである」と横川《よかわ》の経因《きょういん》がいったと、ある人から聞いた」というのです。実にまわりくどい、人伝《づ》ての話ではあります。

宰円はこのような光覚の文を掲げた上で、これに反論します。「智俊は老後の子の印快《いんかい》を経因に預けて出家させたが、その時、声明書を彼に譲って後日の指導を託した。しかし大原の誰も、経因が声明師だとは思っていなかった。事実、彼の後継者もいない。経因は、自分が智俊の書籍《しょじゃく》を伝えているのに、人々が湛智のみを敬うので嫉妬《しっと》してそのようにいっているのだ。況《いわ》や人伝《づ》ての話は作り事であろう」。

最後に、この『弾偽褒真鈔』を著わした宰円の声明観・音楽観に触れる部分を紹介しておきましょう。「湛智の声明が良忍以来の譜と異なっている」との光覚の非難に「一体、どこが良忍の譜と異なるというのか」と反論し、次のように述べています。

「オホヨソ聲塵《しょうじん》ハ耳根所対《にこんしょつい》ノ境《きょう》　博士ハコレ色塵眼根所対《しきじんげんごん》ノ境也《きょうなり》　聲ヲ目ニミルへ《べ》キヤウノナケレハ面授口決《ばめんじゆくけつ》ノ、チ廃忘《はいぼう》ニソナ《備》ヘンタメニ聲ノアカリ《上》サカリ《下》ヲ絵《描》ニカキアラハシタルヲ博士《はかせ》トハ云フ也」

このように『法華経《ほけきょう》』の六根六境の説を基《もと》に、本来音声《おんじょう》は目に見えないもので、師匠から面と向かって口伝えに授かった曲を後に忘れないために、一定の約束に従って書きとどめたのが譜博士であるとしています。ヨーロッパの徹底した合理主義精神の結晶のような近代五線譜に慣《な》らされている者にとっては、この考えは衝撃的《しょうげきてき》でさえあります。しかし五線譜とて所詮《しょせん》この宰円の指摘の埒《らち》外《がい》でないことを知るべきでしょう。私たちの祖先は、楽譜に対して備忘《びぼう》以上の役割を与えなかったし期待もしなかったのです。自《みずか》らの演奏（唱）を自ら聴くことを含めて、「音楽とは聴くことである」という、音による伝承の本質を極めて正確に捉《とら》えていたことを示しているのではないでしょうか。

御懺法講とは

御懺法講《おせんぼうこう》とは、今から八百四十年ほど前の保元二（一一五七）年に宮中において後白河天皇が始められた仏教儀式です。その後の約百五十年間は記録が見あたりませんが、鎌倉時代以後からは天皇や皇后の年回法要として行なわれてきました。

この御懺法講はその名のとおり、人間の犯した誤りや罪や邪《よこしま》な心を普賢菩薩《ふげんぼさつ》の前で悔い改めることで、先亡《せんもう》の追善増福《ついぜんぞうふく》を願い、ひいては天下と国家の安寧《あんねい》を祈願する仏教儀式です。もともと天台宗には法華三昧《ほっけざんまい》と常行三昧《じょうぎょうざんまい》という、天台大師の教えに基づく法要儀式が、伝教大師《でんぎょうだいし》最澄《さいちょう》や慈覚《じかく》大師《だいし》円仁《えんにん》によって中国より比叡山に伝えられて行なわれてきました。そして時には修行《しゅぎょう》のために日を決めて一定の期間籠《こも》って勤めることがありましたし、あるいは先亡の追善供養《ついぜんくよう》のために縁者の随《ずい》喜《き》聴聞《ちょうもん》の下《もと》に荘厳《しょうごん》で華麗な儀式として行なわれることもありました。また、一般寺院でも朝題《あさだい》

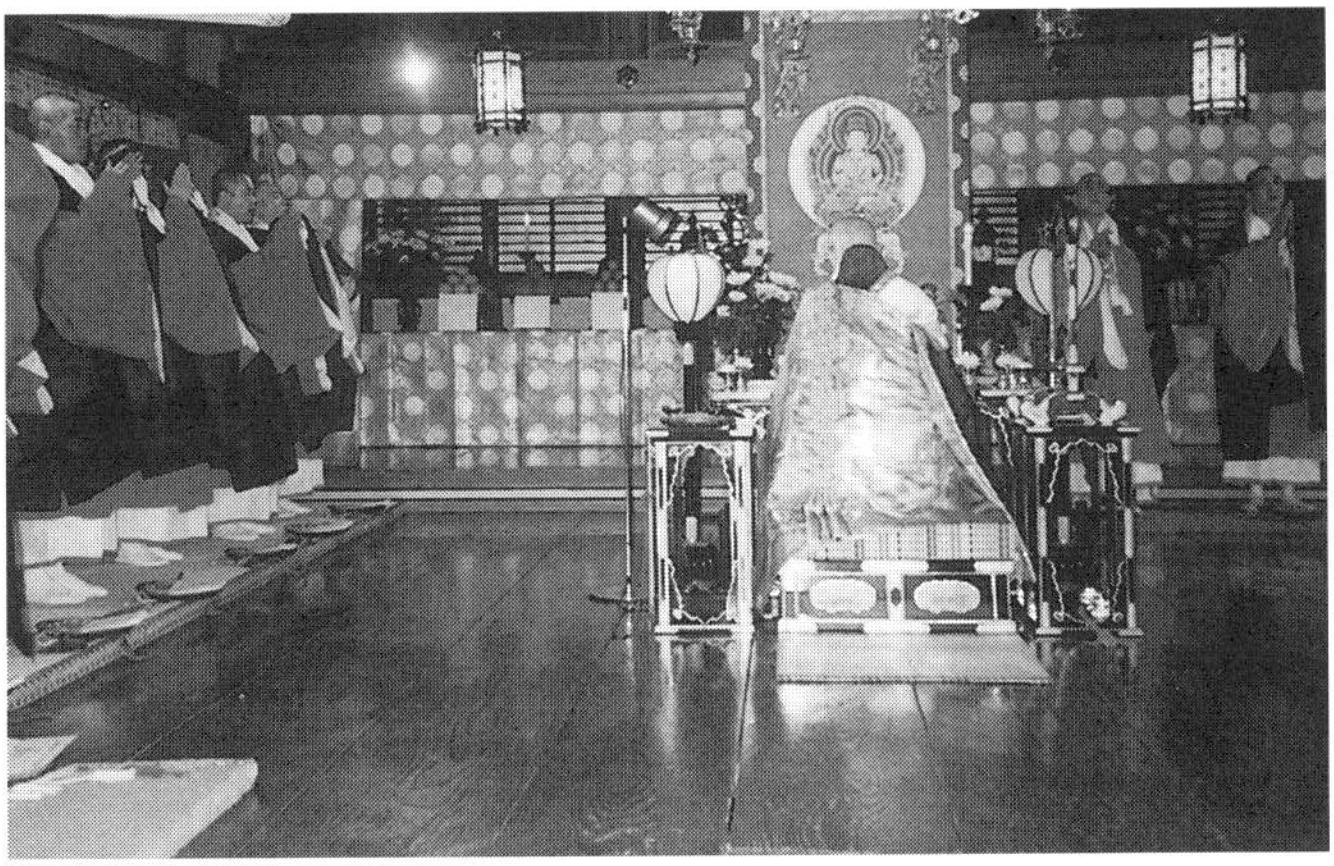

御懺法講（三千院宸殿 1996年）

目《もく》・夕念仏《ゆうねんぶつ》の名で知られていますように、朝のお勤めでは『法華経』を読んで懺悔《さんげ》を行ない、夕時のお勤めでは『阿弥陀経』を読んで極楽浄土を念ずるのが天台宗のお勤めの基本となっていました。御懺法講はこれを宮中の儀式に相応《ふさわ》しく整え、規模を大きく華やかなものとしたと考えてよいと思います。ついでながらこの「御《お》」というのは宮中での行事や天皇に関する事柄を表わすときに用いる語で、ときにより「お」「おん」「ご」「ぎょ」と読むことはご存知のとおりです。

ではこのような法要儀式がどうして宮中で行なわれることになったのでしょう。そのことについて興味ある説を唱えておられる方がいます。NHKの大河ドラマ「毛利元就《もうりもとなり》」の原作者で、作家の永井路子さんです。それによりますと、保元《ほうげん》の乱《らん》という天皇家と公卿《くぎょう》それぞれの内部抗争に、源氏と平家という武士勢力の対立が絡《から》んだ凄惨《せいさん》な戦いに勝利した後白河天皇が、勝者・敗者の霊を弔い、自らをも懺悔して行なったと説明されています。大変説得力のある説ですが、それにしてもなぜこの懺法講かという一抹の疑問が残ります。その答えは後白河天皇が天台の教義について深い知識と理解があったことと、なによりも後白河天皇が天台宗大原流声明の伝承者として血脈譜に名を連ねる声明家であったことです。このほか、後白河天皇は歌舞音曲に堪能で、なかでも今様という当時世をあげて盛んであった歌謡に熱中され、何日間も歌い続けたために喉が腫れ上がり、水も通らなくなったと自らの著『梁塵秘抄《りょうじんひしょう》』に書かれているほどです。

このようにして始まった御懺法講は、鎌倉時代では七カ日に亘って行なわれるのが決まりで、その間に毎日法華三昧が行なわれ、お逮夜やお日中には常行三昧が行なわれていた記録があります。しかし江戸時代になりますと五カ日とか三カ日、二カ日というのも現われてきます。それでも明治維新の直前の文久三（一八六三）年までは宮中で行なわれていたのですが、それを最後に宮中の行事から仏教行事が廃止されてしまいました。しかし明治三十一（一八九八）年に勝林院丈六堂《しょうりんいんじょうろくどう》で行なわれて復活し、昭和六（一九三一）年に三千院宸殿《しんでん》が新築されるまで十数回、勝林院で行なわれました。それ以後は三千院で行なわれていましたが、昭和五十四（一九七九）年からは毎年五月三十日に行なわれることとなりました。このように一日の、それも二時間あまりの儀式ということで、二種類の法華三昧（律《りつ》と呂《りょ》）と一種類の常行三昧《じょうぎょうざんまい》、が毎年一つずつ順繰りに行なわれることになったのです。

私が教えています大谷大学の学生がかつて七十数人、この御懺法講にお詣《まい》りをさせていただき、三千院の方々に大変なお世話をおかけしたことがあったのですが、その学生の多くが、仏教にこんなにすばらしい音楽があるとは知らなかったと感想を述べていました。

それでは御懺法講がどんな音楽法要なのかを、ほぼ儀式の順を追って見ていきましょう。まず、宮中の儀式ですから御簾《みす》の向こうへの天皇着座からこの儀式は始まります。今は天皇の代拝として勅使《ちょくし》の方が道場の正面右に着座されますが、この勅使と来賓が入場されるときに雅楽の盤渉調《ばんしきちょう》という調子合わせの曲が演奏されます。そして大臣・大納言《なごん》・小納言という公卿《くぎょう》と調声導師《ちょうせいどうし》が入場され、続いて出仕《しゅっし》の僧侶の入場には「越天楽《えてんらく》」という雅楽が演奏されます。今日では公卿役は僧侶の方があたっています。

話は戻りますが、室町時代の将軍足利義満《あしかがよしみつ》、この人も大原流声明の正式の伝承者として血脈譜に名の載っている声明家でありますが、この義満公が大臣役として出仕したかったのですが、許されず、出仕僧の最上席を勤めたという逸話が伝えられています。

この法要に出仕するのは延暦寺と大原魚山《ぎょさん》の僧でしたが、そのなかでも大原の寺々からの僧侶は声明の伝承を任務とし、御懺法講の導師である調声を勤められる歴代の梶井宮門跡《かじいのみやもんぜき》やときには天皇や公卿に声明をご指南することもあったといいます。事実、昭和の復興期には当時の大原実光院住職の天納傳中師がご門跡とともに大いに貢献されました。

さて入道場が終わったところで、宮中では御簾が大臣の手で巻き上げられて、全員が天皇への平伏《へいふく》を行なうのですが、三千院では勅使と同じ側の板床に安置されている厨子《ずし》を開いて、なかの後白河天皇の像に向かって平伏が行なわれます。この厨子が開かれるときの扉のきしむギーッという音は、わざと出るように工夫されたものだと聞いています。なお式のクライマックスである行道《ぎょうどう》のときにも、この厨子の前は一人一人が跪《ひざまず》いたままで通ります（この作法は平成十五年から少し変わりました）。いずれも後白河天皇への敬意の表明です。

儀式の初めに唱えられる声明曲は「伽陀《かだ》」といいますが、このときにはこの声明と同じ旋律を雅楽器が吹きます。このような雅楽の演奏を「附物《つけもの》」といいます。そして行道のあとの「五念門《ごねんもん》」という声明曲のときにもこの附物の演奏があります。また、法要の終わりで出仕者が退場するときには「千秋楽」という曲が奏され（このような奏楽を附楽《つけがく》という）ます。

今は雅楽のことが中心でしたが、御懺法講の音楽上の主役は何といっても声明です。法要中に声に出されるほとんどにはふしがついていて、ゆったりと流れるようなメロディーとともに儀式は進んでいきます。同時に仏教法要に占める雅楽の役割を理解することができるよき機会でもあります。

百石讃嘆は語る

「百石《ももじゃく》 讃嘆《さんだん》」とは何のことでしょうか。まず「百」は「たくさん」ということです。世界にはいろんなことばがありますが、数字がその数を意味するだけでなく「たくさん」を意味することもよくあります。そのなかでも「百」はモモと読むときは「たくさん」を意味しますし、「千」も同じように使われます。「百草《ももくさ》」「千種《ちぐさ》」はいずれも「たくさん」を意味します。実例として『拾遺《しゅうい》和歌《わか》集《しゅう》』では、この「百石讃嘆」のことを「ももくさ讃嘆」と称しています。この他「八」も「たくさん」の意味によく使われます。『法華経』では数の多いことを「百八十（ももやそ）」といっていますし、この百石讃嘆では「百石」を強調するためにさらに「八十石」を添えています。これを、一石は百八十リットルだから百八十石では幾らになるかな、などと考えるのはよした方がいいでしょう。要するに人間が生まれて乳離《ちばな》れするまでに母親の乳を百石、いや百八十石飲んで育つのであるということをいっています。

ところでこの「石」は、能にも「石橋《しゃっきょう》」という演目がありますように「しゃく」とも読みます。この説は、もと「石」は「尺」であったという考えに基づき、百尺の長さの舟に乗るほどの量のことという説明がされています。また「石」はもとは「積」であり、現在では「かさ（量）」というが、昔は「さか」といったという説もあります。事実、京都の真言宗の教王護国寺（一般には東寺と呼ばれる）の塔頭の一つ観智院に所蔵されています『三宝絵詞《さんぼうえことば》』という書物には「ももさか」と出ていまして、真言宗ではそのようにいっています。しかし天台宗では「ももじゃく讃嘆」で伝わっています。「百石」はこのようにいろんな読み方が伝わっていますが、その意味するところはいずれも同じで、「たくさん」ということです。

歌詞は、「ももじゃくに、やそじゃく添えてたまいてし、乳房の報い今日ぞわがするや、今ぞわがするや、今日せでは、いつかはすべき、年も経ぬべし、さ夜も経ぬべし、謹んで讃嘆し奉る」です。これを少しくだいて言いますと「数え上げることができないほど頂いた親の恩に報いることを、今日こそ私はしようというのか、今こそしようというのか。もしもしなかったならば、いつしようというのか。年を経てからでは遅い。毎日は過ぎ去っていくではないか。親から受けた恩を心から感謝し、敬い、その深さを褒め讃えよう」ということになるのではないでしょうか。

この詩は天平六年といいますから今から千二百六十年以上前の奈良時代、西暦にして七三四年に聖武天皇の后《きさき》、光明皇后（七〇一～七六〇）または僧侶の行基《ぎょうき》（六六八～七四九）が作ったと伝えられています。光明皇后とすれば三十三歳のとき、行基とすれば六十六歳のときです。私が考えますに、行基作のものには『三宝絵詞』と『拾遺和歌集』がありますが、この「百石讃嘆」もおそらく行基の制作であろうと思われます。しかし、興福寺の五重塔の建立をはじめ、東大寺の創建も皇后の進言によるとされるなど仏教への信仰がことさらに深く、また父藤原不比等と母橘三千代のために経典五千巻の書写をさせることを発願し、仏教の慈悲の精神に従って施薬院や悲田院を設立して貧窮の人々の救済を実践した光明皇后に、行基は若き日の母の姿を重ね合わせて、その恩を讃えて、いわゆる仮託《かたく》して皇后の作として世に出したのではないかと思います。あるいは後世の人々が仮託したのかもしれません。いずれにしてもその内容は今日でも人々の心に切々と響くものがあります。

その内容は、『心地観経《しんじかんぎょう》』や『中陰経《ちゅういんきょう》』というお経に説いてあることに基づいているようですが、なかでも『心地観経』の説く四恩（父母・衆生《しゅじょう》・国王・三宝）の考えが強く反映されています。今日的な言い方にしますと、父母の恩、家族を含む周囲の人々から受けた恩、社会や国から受けた恩、そして仏様とその説かれた教えとそれを伝える僧侶、これを三宝といいますが、これらの方々から頂いた恩、これらの恩に報いることこそが、人としてなすべき最も大切なことである、と述べているのです。「百石讃嘆」はそのなかから象徴的に母の恩を取りあげていると考えます。

この詩は和讃という形式でできていますが、幾つかの歌集や伝承されている場所によって言い回しや句の数に違いがあります。『三宝絵詞』という仏教行事のいわれを書き綴った書物では、「百石に八十石そへて給いてし、乳房の報ひけふせずは、いつかわせむ年はをつ、さよは経につつ」という八句体ですし、『拾遺和歌集』という歌集には「百石に八十石そへて給いてし、乳房の報ひけふぞわがする」と五七五七七の短歌体として出ております。しかし天台宗延暦寺ならびに大原の伝えるものは譜例のように十句体です。

さて、この「百石讃嘆」は、日本で作られた仏教歌謡のなかでは最も古い部類に入るものです。といいましても、この詩ができた最初からふしを付けて歌われていたかどうか、もし付けていたとしたならばどんなふしであったたか、ということは今日では知る術《すべ》がありません。しかし、ふしが記録の上で残されていますのは、ずっと後の史料ではありますが、天納傳中先生のご研究によりますと十三世紀の天台宗大原の声明家、円珠坊喜淵《えんじゅぼうきえん》自筆の譜からの写本が伝わっていることにより、今から七百年以上前にはふしを付けて歌われていたことは確かとのことです。

「百石讃嘆」の楽譜（大原実光院蔵）

この曲は平調《ひょうぢょう》という調子、曲の高さで歌われます。平調というのは洋楽でいいますとハ調のミにあたります。音楽にはこれ以外にも音階というのがあり、この曲の場合は「律」という音階です。レミソラドレの音階です。もう一ついいますとこの声明は小さな旋律の型が連なってできています。カタカナで「ス」とあるのは「スグ」を略した書き方で、「真っ直ぐに音を延ばす」という意味です。この他、ソリ、マクリ、モロオリなどという書き込みがありますが、これは皆、メロディーの型についた名前です。そのなかで一つだけ、そのような書き込みがなくて、しかも大切な旋律の型があります。

文字の左か右に真横に点線が二つまたは三つ書いてあるのがそれで、「ユリ」といいます。この曲では音を波のようにゆるやかに上下させることを示しています。天台宗だけではなく全ての宗派の声明にとってこの「ユリ」という旋律の型は大変重要で、そのユリ方の種類も非常に多くあります。とくに真言宗の声明は「ユリの声明」といっていいほどいろいろの種類の「ユリ」が連なって曲ができています。声明を含む伝統的な日本の音楽の楽譜は、ほぼこのように文字の左右に一定の約束のもとに線や点線や曲線などで音の高さや長さ、メロディーの型を示しています。洋楽の楽譜になれている方から見ますと、何とも大ざっぱな楽譜と見えることでしょう。

ヨーロッパでは、十世紀ごろから目に見えない音を紙の上に目に見えるようにしようとさまざまな工夫をしてきました。そしてほぼ八百年をかけて今日のような五線譜を完成しました。しかし日本を含む東洋では、そのような発想は起こりませんでした。これを捉えて東洋や日本の音楽は未発達の状態にあるという人がいますが、とんでもないことです。日本音楽の楽譜は、その曲を師匠から教わった人が、心覚えに書きとどめたもので、言うなればメモです。もちろん時代と共に一定の約束事ができてきましたが、どこまでもメモであることには変わりありません。考えてみればヨーロッパ音楽でも楽譜さえあればすぐに音楽ができあがるというものではありません。やはり師匠から教わらなければならないことは日本音楽と全く同じです。ヨーロッパ音楽ではその場をレッスンといい、日本音楽では伝承を受けるというのです。音楽にとって一番大事なこと、すなわち音色・表情・微妙な早さの変化などは洋の東西を問わずその場で教わることに変わりはありません。私たちの祖先はとっくにそのことに気がついていたのです。

ところで、讃嘆と呼ばれる和讃形式の声明はこの「百石讃嘆」の他にも『法華経』に出会った喜びを歌った「法華讃嘆」やお釈迦様の遺骨（これを舎利といいますが）がどんなに有り難いものであるかを歌った「舎利讃嘆」などが今日まで伝わっています。「法華讃嘆」は法華経を講読する法華会で歌われ、「舎利讃嘆」はお釈迦様が亡くなられた涅槃会または舎利会と呼ばれる儀式で歌われます。

この「百石讃嘆」はお釈迦様がお生まれになったことを祝う「灌仏会」という儀式で歌われてきました。ただし、現在では歌われることが絶えて久しかったのですが、一九七〇年当時開催されていた、大阪万国博覧会から依頼されて、人間国宝の故中山玄雄師が大原や延暦寺の声明家とともに復元して万博会場で発表されました。その際は伝教大師の御影像を掲げて報恩謝徳の法要として勤められました。大原実光院の声明家で叡山学院教授でありました故天納傳中師もそのお勤めをされたお一人です。その後、東京の国立劇場で公演なさいましたあと、一九九九年の四月に大原の勝林院本堂でも勤められましたが、今日では天台宗においても珍しい儀式と声明でありまして、聴く機会をもつことは大変難しいものです。

さて、この「百石讃嘆」の中心テーマは「乳房の報い」です。この「乳房」は直接には母親を指しています。人は誕生から乳離れするまでに母親の乳を百石、いや百八十石も飲んで成長するというのですが、これは親から受ける恩を象徴的に述べ、数えられないほどの慈しみを受けて育つことを言っているのですが、この詩の訴えたい本当の心は、もっと広く、人間を育ててくれるもの全てに対する感謝を意味していると考えるべきだと思います。そして千二百六十年以上前にも、この恩に「いつ報いるのだ。今日か。今か」と迫るこの詩が詠まれ、今日も私たちに生々しく問いかけているのですから、親を含む四恩に報いるということは、いかに難しいことであるかということも教えてくれているのではないでしょうか。

「報いられることを期待してするのは恩ではない。そうかといって何かを返すことによって恩に報いたと考えるのも報いではない。それは損得の関係である」と、つい先ごろ大谷大学での講演でおっしゃった哲学者がおられました。それでは一体どうすればいいのか。このことについてこの方は「進退窮まった所に人は立つことがある。そのときに初めて自分に気付かされる」という明治時代のある偉大な宗教哲学者の言を紹介されました。それでは「報いる」とはどういうことなのでしょう。「百石讃嘆」は私たちにそのことを問いかけているのではないでしょうか。私たちは四恩にこうすれば報いたことになるというマニュアル、手順書をもち合わせていません。それどころか、その四恩の一つの母から受けた恩にさえ、とてもじゃないですが、その万分の一にも報いられそうにもありません。「百石讃嘆」はその恩にいつ報いるのか、今日か、今かと迫っています。まさに進退窮まれりであります。

このことについてもう一つのお話を紹介させていただきます。中務茂兵衛という明治の農村に生きた方が、二百数十回の四国八十八カ所霊場巡りをなさったそうです。その動機が何であれ、この方は自分が巡礼のために通った道の至る所に道案内の道標を立てられました。NHKテレヴィジョンでも紹介されましたが、その番組のレポーター役の元ボクサー、現俳優であり画家である方が申された最後の締めのことばは、宗教哲学者の言に匹敵する見事なものだったと思います。「茂兵衛さんは何十回何百回の巡礼を繰り返すうち、同じように自分を見つめ、自分が一体何者だろうと考え、生き方を探しながら巡礼を続ける人々のなかに自分を見つけ、自分と同じいのちを見つけ、この人たちと一緒に生きていくことに目覚めたのであろうと思います。だからこの人たちが道に迷わないためにいつしか道しるべを立てることに生き甲斐を見出したのだと思います」というのでした。実はこの茂兵衛さんは若いころに、親や村人たちの反対にあって、好いた村の娘さんと結ばれず、村を飛び出して生涯村に戻らなかったとのことです。そのことだけを取り上げますと、彼は親不孝ものであり、村と村人をも捨てた恩知らずということになりますが、だれもが気づかず、誰もが到達できないような深い命に目覚め、人々と同じ命を自分の中に見出して共に歩もうという境地に至ったものと考えます。ここに「報いる」ことの本当の意味があるのではないかと感動させられました。

その一方でこういう人によく出会います。「私は誰の世話にもなっていないし誰にも迷惑をかけていない。何をしようと勝手でしょう」というのです。こういう方にこそ「百石讃嘆」は捧げられたのではないかと思います。真に自分に気づき、命に気づき、自分が生かされている存在であると同時に自らも人と共に生き、人を育てる役割を担っているという自覚に至ったとき、報恩とは何かということに各自の答えが見えてくるのではないかと考えます。

鎌倉仏教の音楽

声明を最も広く解釈すれば「仏教儀式で僧侶によって歌われ、または朗誦される経典や仏菩薩への讃歌」ということになります。「歌う」とは豊かな旋律をもって声に出すことをいい、「朗誦」とは旋律性が少なく、「語る」「読む」ことを意味します。個々の曲ではこの二つを両極としてさまざまな段階のあることは言うまでもありません。しかしこのような解釈、すなわち儀式における全声楽部分を声明とするという解釈が、広く声明研究者の間で承認されてきたというわけではないのです。最も狭い意味で声明を指す場合には、中国や朝鮮から伝来したと考えられる梵語や漢語による曲のみを声明とするという解釈もあります。すなわち、声明は奈良各宗と天台宗・真言宗（いずれも古代成立）にのみにあるのであって、鎌倉以後の宗派はそれにならったところの雑声明として、本来の声明と区別する考えがありました。

しかし、それはあたかもヨーロッパ宗教史において、ローマカソリックの儀式音楽のみが正当なキリスト教音楽であり、プロテスタントの音楽はその模倣だ、として扱うのと同様で、ヨーロッパ音楽史におけるプロテスタント音楽の役割を重視しないのに通じていると私はかねてより考えてきました。ここでは日本音楽史に果たした鎌倉仏教の儀式音楽としての重要性を、改めて考え直すことの必要性を述べたいと思います。

わが国の仏教史における古代仏教と鎌倉以後の仏教との関係と、ヨーロッパのキリスト教史におけるカソリックとプロテスタントとの関係（ともに仮に、旧教・新教とする）には、多くの共通点とともに当然のことながら多くの相違点を見出すことができます。まず共通点は、既成の宗教的権威の中枢と、それへの決別宣言を行なった教派との対決であり、その対決が信仰の性格の大転換をもたらしたことです。しかも、その後にあっても、日本においては古代の、ヨーロッパにおいてはキリスト教的中世の宗教的権威と実態が新教と並存しながら、ともに生き続けていることも共通点といえるのではないでしょうか。

相違点についていえば、そのような大変革が行なわれた時期が、わが国においては十三世紀であるのに対して、ヨーロッパでは十四世紀と十五世紀にイギリスにおいてジョン・ウイクリフとウイリアム・テンダリが聖書の英訳を行ない処刑されるという先駆的事件があったにもかかわらず、主たる変革は十六世紀であったという点です。

キリスト教で変革の直接の契機となったのは、ローマ教皇庁による免償証（免罪符）の販売と、それに疑義をもったルター（一四八三～一五四六）がヴィテンベルク城（エルベ川北畔ベルリン南西）の教会扉に九十五提議書（一五一七年）を貼り出したことに始まります。その後、ツヴィングリ（一四八四～一五三一）やカルヴァン（一五〇九～一五六四）らによって宗教改革が推し進められ、ローマカソリックへのプロテスタントの抵抗の出発点となったのです。

仏教では、源信（九四二～一〇一七）を先駆けとして、法然（一一三三～一二一二）らの浄土教思想と、それをさらに独自に展開させた親鸞（一一七三～一二六二）や一遍（一二三九～一二八九）ら、そして『法華経』を信仰の中心に据えた日蓮（一二二二～一二八二）らが身を挺して旧教とそれに与《くみ》する権力と戦いました。また、栄西（一一四一～一二一五）と道元（一二〇〇～一二五三）が大陸から伝えた禅宗が、権力を手にした武士階級によって受容されるなど、この時期に日本の宗教事情には大変動が生じました。

このように新しい宗派の各宗祖は、古代仏教の頂点であった比叡山で仏教の基本を学びながらも、反抗、またはあき足らずに下山して、鎌倉時代の新しい宗派を各々おこし、新教義を打ち立てたのです。その結果、既成教団から激しい妨害と危害を加えられることとなるのですが、彼らの教義に賛同しその教義を後世に伝えようとした弟子たちが各教団を組織化し、寺院と儀式を創成するにあたって規範としたのは、いずれも宗祖が批判した古代仏教の儀式の形態であり、その音楽でした。この点ではプロテスタントも鎌倉仏教も類似した構成や曲種を多くもっているという共通性を見ることができます。

この新旧宗教の関係で宗教としての本質的相違を指摘するならば、キリスト教については、神と信仰者の間に教会の権威が立ちふさがり、教会が地上における神の代弁者として振る舞ってきたローマ教会のあり方を拒否したのがプロテスタントです。

また仏教について言えば、多くの改革者の身を挺しての活動によって、古代の貴族救済的仏教からの脱却を目指し、民衆救済への道を拓いたことでした。ただし禅宗については同列には置き難いと考えます。同じ鎌倉仏教であり、中国における新しい潮流を伝えたとはいいましても、新しい権力者との関係が生じたこととならび、自己の救済という初期仏教への回帰性が濃いからです。

ここで話を儀式とその音楽に向けることにしましょう。もともとインドでは現在、日本で声明と呼ばれている儀式声楽はガータと呼ばれていました。これとは別に発音学・音韻学をシャブダ・ヴィジュアといい、中国ではこれを声明と訳してやはり同様の意味に用いていました。中国では仏教儀式音楽のうち、声に出して歌われ、朗誦される曲を「声明」といったことはこれまでに一度もないのです。それではどのように呼んでいたのでしょうか。中国ではそれらの曲は、唄《ばい》・梵唄《ぼんばい》・伽《か》陀《だ》・梵音《ぼんのん》・讃《さん》などと呼んでおり、現在では梵唄・讃・念仏の呼称が主として用いられています。

日本においても伝来から平安時代末までは唄・梵唄・讃などの呼称《こしょう》を用いていました。ただし日本では、すでに奈良時代には、唄・梵音・讃・伽陀は特定の曲種をさす名称となりました。天平勝宝四（七五二）年の東大寺大仏開眼《かいげん》供養会では、唄・散華《さんげ》・梵音・錫杖《しゃくじょう》という曲が歌われたことが記録（東大寺要録）にあります。

この声明を言語の上から見ますと、伝来声明の全ては梵語または漢語で書かれていました。狭義に声明とは、このないわば伝来系の曲を指してきたことは先にも述べたとおりです。しかし、初めからこれらの曲を「声明」と称していたのではありません。

「梵唄」が伝来系声明全般を指す一般名詞でした。しかし鎌倉時代に入ると天台宗の声明家湛智《たんち》が梵唄の音楽理論を述べた著に『声明用心集《ようじんしゅう》』という名称を用いて以来、「声明」が梵唄を指す呼称としても広く用いられるようになったのです。すなわち「声明」という呼称は日本においてのみ用いられ、ついに今日では仏教儀式で声に出される部分全てを指す呼称として用いることも広く認められようとしています。

またこのほかに「魚山」も声明と同義語として用いられるようになりました。この「魚山」は、中国山東省東阿《とうあ》市《し》近郊の小高い丘の名に由来しています。ここの領主であった陳思王曹植（没地が陳《ちん》・諱名《いみな》が思《し》）が中国声明の創始者であるとの伝説を、京都大原一帯にあてはめてその名をつけたことから、やがて声明そのものを指す語にも用いたと考えられます。

さて、日本の全ての仏教宗派が同じテキストと同じ旋律の曲を用いているわけではなく、各宗派・各寺院ごとに何（どんな経や讃）をどのような旋律でもって歌うかは異《こと》なります。例えば奈良時代成立の諸大寺院は、それぞれ独立した宗派であるといってよく、それぞれ異なった儀式と声明をもっています。

また天台宗にも大きくは山門《さんもん》（延暦寺《えんりやくじ》）流と寺門《じもん》（園城寺《おんじようじ》＝三井寺《みいでら》）流があり、真言宗にも古義《こぎ》（東寺・高野山など）と新義《しんぎ》（智積院《ちしやくいん》―智山《ちさん》派・長谷寺《はせでら》―豊山《ぶざん》派）があり、それぞれ異なった声明をもっています。

さらに鎌倉時代成立の諸宗、すなわち浄土宗（知恩院・増上寺）をはじめ西山浄土宗（粟生《あおの》光明《こうみよ》寺《うじ》・禅林寺《ぜんりんじ》・誓願寺《せいがんじ》）、真宗各派（大谷派・本願寺派・興正派・仏光寺派・木辺派・山元派・三門徒派・

誠照寺派・出雲路派・高田派)、時宗、融通《ゆうずう》念仏宗などのいわゆる念仏を主旨とする諸宗があります。

また日蓮宗と法華諸宗など『法華経』を主旨とする宗派のほか、禅系各派があります。黄檗《おうばく》宗は禅系ではありますが江戸時代に伝来した宗派であり、現代中国の仏教寺院の儀式と声明の形態に最も近いと思われます。

これらの各宗派と寺院がことごとく異なった声明をもっているのですから、声明と一口にいってもその全容を把握《はあく》することは極めて困難です。それに加えて、声明家一人一人にも、同じ曲の旋律の表情や唱法に微妙な相違のあることは決して珍しいことではありません。しかも唱法上の権威が存在するグレゴリアン・チャントとは異なり、仏教の声明ではその権威は細分化されて、その統一は同一宗派にあっても極めて困難です。

初期(七〜八世紀)の声明は、やや早い時期に伝来した雅楽とともに外来音楽です。ですから声明・雅楽以前に、当然のことながらすでに日本固有の音楽が存在していました。そのことは、古墳の出土品に楽器があることや、宮廷や大神社に現存する神事楽《しんじがく》・神楽歌《かぐらうた》などによって想像することができますが、今ではその全てが雅楽器の伴奏や理論によって体系づけられているのをみても、これらの音楽は伝来雅楽の理論や音楽の実際から強い影響を受けて、その後に変貌《へんぼう》を遂げているとみることができます。その最も明白な証拠は何よりもこれらの音楽が雅楽器によって演奏または伴奏されていることによって明らかです。

さて声明は本来、口承口伝《こうしょうくでん》によって伝承され、譜は存在しなかったと考えられます。このことは中国においても同様で、一九五五年に中国声明史上初めて採譜集『寺院音楽』が刊行されたことによっても裏付けられています。ただし敦煌《とんこう》における角筆《かくひつ》（先端のとがった硬い筆記具の、紙への押し付けによる陰刻《いんこく》）や最近大谷大学図書館で発見された角筆などは、声明記譜法の歴史に課題を投げかけています（日本においては、鎌倉時代以後、墨筆《ぼくひつ》や朱筆《しゅひつ》によって、文字の周辺に短い直線または曲線を記して旋律を表わすようになっていました）。

天台宗の記譜は文字のどの位置からどの方向にどのような図形で書かれるかによって、主として音高を、そしてその形状から旋律を判断する方法が用いられ、真言宗では文字の周囲に一定の角度で記される直線によって、やはり音高と音域などを表示する方法が行なわれています。ただ、いずれも、そのような記号のみでは具体的な旋律を導き出すことが困難なために、さらにその周辺に「ユリ」など旋律型に付けられた呼称を書き込んだり補助図形を併記することによって補うようになりました。このような楽譜は先にも述べたように鎌倉時代以後に考案されたもので、その後に出現した和製声明の記譜にも適用されました。

南都諸宗・天台宗・真言宗など古代成立の宗派に用いられた声明を模倣し、または新しい旋律法に基づいた作曲法が日本において考案されました。そして日本語による表白《ひょうびゃく》・祭文《さいもん》・神分《じんぶん》・講式《こうしき》・願文《がんもん》・和讃などの新しい声明が古代仏教のなかにすでに生まれ、鎌倉仏教へと受け継がれています。このうち講式声明は、念仏・礼讃など鎌倉仏教声明の出現を促しました。そしてこれらの日本声明が、寺院以外の新しい種目の音楽の成立の源泉となったと考えられます。特にほとんど全ての宗派に現われた「講式」声明は、その後の日本音楽の形成に大きな役割を果たしました。

このような状況は、キリスト教におけるプロテスタント各派がその代表的な儀式であるミサにおいて、基本ではカソリックのそれを受け継ぎながら、ミサブレービスのような簡略化を図ったり、そのなかにコラールを組み入れ、聖書朗読部分で母国語を採り入れるなどの変革を行なったのと共通しているということができるでしょう。このコラールがその後のキリスト教音楽ではコラール変奏曲や（教会）カンタータやオラトリオを生み出したのみならず、ヨーロッパ音楽の発展に果たした役割の大きいことはよく知られているとおりです。またカソリック側にもパレストリーナによる改革をはじめ、やがて多声聖歌の採用からグレゴリアン・チャントの復興への一連の動きをもたらしました。

ここから後は、主として日本の音楽史に果たした仏教音楽、特に鎌倉仏教の役割を見ていくことにしましょう。

寺院以外の日本音楽に最も大きな影響を与えたのは講式と念仏と言えましょう。講式は初重・二重・三重という「重《じゅう》」と呼ばれるいわば大旋律型と、個々の音節の抑揚《よくよう》に配慮した音高の指示とを組み合わせた旋律法に基づく声明です。

この講式を最初に生み出したのは古代仏教である天台宗（六道講式：源信　九八六年）と、華厳宗（四座講式＝現在・真言宗で用いる：高弁　一二一五年・往生講式：永観　一〇七九年）です。この点はキリスト教におけるコラールの誕生とは大いに事情を異にしています。すなわち、日本においては古代仏教内部に、すでにその後の鎌倉仏教の儀式とその音楽の基本が内包されていたことを意味しています。さらに仏教寺院のみならず、広く仏教芸能として爆発的な発展を遂げる念仏もすでに古代仏教音楽のうちに醸成されていたのです。

このように講式は、鎌倉仏教に受け継がれたとはいえ、古代仏教それ自体の組織と権威が強力に維持されるなかで制作され、その音楽は鎌倉成立の仏教各派にあっても規範であり続けるのです。

しかし宗教音楽についてのこのような状況は、キリスト教にあっても新旧両派の音楽間に出現しています。ローマ・カソリックの大本山というべきサン・マルコ大聖堂を中心としていわば音楽留学していたハインリヒ・シュッツがドイツへ帰国後、プロテスタント教会で活動を行ない、教会カンタータやオラトリオの作曲に業績を上げ、ドイツバロック音楽の基礎を築いています。百年後J・S・バッハもさまざまな事情があったとはいえ、両教会の音楽を作曲しているのです。

ところで講式の旋律法は、平家琵琶音楽をはじめとする語り物の系譜を生み出し、やがて三味線と結びついて浄瑠璃《じょうるり》の一大展開をもたらしました。なかでも義太夫節《ぎだゆうぶし》は人形劇・歌舞伎《かぶき》と結びついて最も発展を遂げました。また一方、能とその音楽（四拍子《しびょうし》と謡《うたい》）は鎌倉時代に滑稽《こっけい》ものまね劇の申楽《さるがく》から出発し、禅思想を背景にもつ上層武士階級の式楽《しきがく》として、独特の展開をしました。とくにその声楽部分である「謡」には講式の、いわゆる語り物・読み物声明の影響が強く表われています（平家琵琶と浄瑠璃〈義太夫節〉、そして能の譜例は一五頁参照）。

もう一つの流れは寺院から流出した音楽の一大潮流である。念仏と唱題《しょうだい》です。なかでも念仏にともなう芸能は大きな展開を遂げました。寺院の儀式で僧侶によって歌われていた念仏は多様な歌詞と旋律をもつ一大声明曲群ですが、民衆に受け継がれて大念仏や小念仏・念仏踊り・盆踊り・六斎《ろくさい》念仏・大念仏狂言の無言劇などへと展開し、宗教民謡というべき巡礼歌《じゅんれいか》・御詠歌《ごえいか》や御和讃《ごわさん》を生み出したのです。そのなかでも念仏踊り・ややこ踊りから出発して、かたぶき踊りを創出した歌舞伎は、さまざまな芸能や音楽を取り込みながら、能とはきわめて対照的に近世都市市民の育てた総合舞台芸術に発展しました。

この歌舞伎はその出発点に念仏踊りがあるのを見てもわかるように、仏教芸能たる念仏芸能が発展を遂げた一つの到達点であると言うことができるのではないでしょうか。その意味では歌舞伎は、非業《ひごう》の死を遂《と》げた人物を主人公として、その霊を慰《なぐさ》め、供養することを柱とした一大鎮魂劇《ちんこんげき》であると言うことができます。情景描写《びょうしゃ》を事とする下座《げざ》音楽で演奏される楽器のほとんど全てが、寺院楽器（鳴らし物＝打楽器）であることは、歌舞伎と仏教の関係の深さを如実に示しています。

さらに古代外来音楽である雅楽とその音楽理論は、声明を含む全ての日本音楽の実際とその理論に絶大な影響をもたらしました。とくに仏教儀式において雅楽は、声明とともに重要な役割を演じ続けてきた仏教音楽そのものであります。『声明用心集』（一二一九〜一二三三年ごろの覚え書）の著者湛智《たんち》（一一六三〜一二三七？）は、その著のなかで雅楽の音楽理論によって声明の音楽理論を体系づけようとしました。この著のなかの雅楽曲の説明では現行のそれと多くの相違点を有していますが、声明の音律論《おんりつろん》や音階論は新旧仏教のみならず日本音楽の全ての種目に貢献するところ大なるものがあります。

また実際の仏教儀式においても雅楽と声明は密接な関係を保ってきたのでして、明治元（一八六八）年三月の「神仏分離令《ぶんりれい》」によって神道《しんとう》音楽という意識が一般に浸透することとなりましたが、雅楽は紛《まぎ》れもなく仏教音楽というべきであり、特別な神事でのみ単独で演奏を受けもっていたのです。仏教と雅楽との密接な関係は現在では復活し存続していますが、その例としてかつて宮中において盛大に営まれ、現今では京都大原の三千院で復興せられている「御懺法講《おせんぼうこう》」があります。

以上のように極めて簡潔に日本音楽の歴史を概観しましたが、鎌倉仏教音楽は、旧仏教に内包する多くの要素を吸収し、活用しつつ独自の音楽を創造したので、その後の日本音楽の種目の拡大と展開に果たした橋渡し的役割の大きさは、決してこれを軽視したり無視することのできないことを教えています。ただ新旧ともに新しい儀式音楽の創成は、近世に入るとともにその活力を失ったことは認めなければなりません。そしてその活力は農漁村・山村に拡散して仏教芸能の発展を促し、都市では歌舞伎・人形劇を頂点とする市民的趣向に応える舞台芸術を育て、武士階級には能楽への傾注をもたらしたということができるでしょう。

阿弥陀経の声明

一口に「阿弥陀経」を唱えるといっても、その唱え方にはいろいろあり、それによって法要の規模や構成が異なっています。そして「阿弥陀経」のふしまわしの種類はその法要名で呼ばれるのが通例となっています。このような「阿弥陀経」中心の法要のもとのかたちは、天台宗の慈覚大師円仁が唐土《とうど》から将来《しょうらい》したものであり、現在、天台宗には譜本だけのものを含めて、次のような種類の「阿弥陀経」のふしが伝えられています。

切音例時《きりごえれいじ》
声明例時《しょうみょうれいじ》
短声《たんぜい》阿弥陀経
引声《いんぜい》阿弥陀経

この四種類の唱え方の違いを一言でいいますと、「阿弥陀経」の経文の一字一字をどれだけ声を延ばして唱えるかによるといえるでしょう。すなわち、切音例時はほとんど一字一拍か二拍で唱えすすんでいくので、音高の変化も単調で、ふしつき「阿弥陀経」としては最も簡潔なものです。これと比べて声明例時は全体に拍子で唱える点は両者共通していますが、一字がほぼ四拍に延ばされ、その一字の途中でも音高がしばしば変わります。そのふしまわしは変化に富んだもので、現在の天台に伝わる諸声明のなかでも特異な雰囲気をもっています。

短声阿弥陀経は、かなり早い時期（多分、鎌倉・室町時代）に行なわれなくなったものと思われ、現在では譜本からそのふしの概要を尋ねるのみとなっています。

引声阿弥陀経は、阿弥陀経の唱え方のなかでは最もゆっくりと進み、かつ長大なものであります。経文の一字一字に数種類のふしがあてがわれ、悠々延々として唱えられるため、全巻を唱えるために十夜会が行なわれてきたほどです。

さて、このように天台宗の「阿弥陀経」の唱え方とその法要は、「阿弥陀経」を唱える天台宗以外の宗派にとりましても重要な規範です。浄土宗などでは総本山の知恩院や大本山などでは「お十夜」と称して「声明例時」が行なわれます。なお、ちなみに浄土宗では、この声明例時のことを「引声阿弥陀経」と呼びならわしています。

また西本願寺でも最近までこのふしによって「阿弥陀経」が唱えられることもあったのですが、現在では聴くことができません。しかし同派所属寺院（大阪十三・真教寺）での復元が行なわれるなど、伝承保存の動きが見られます。

声明例時は、往年は宮中において盛んに行なわれていたのですが、今日、天台宗延暦寺で三年に一度、天皇講として、京都大原の三千院でも三年に一度、御《お》懺法講《せんぼうこう》として勤められています。

真宗声明のあゆみ

初期

親鸞《しんらん》は比叡山を下りて（一二〇一年）のち、多数の著述を残しましたが、そのなかでも『教行《きょうぎょう》信証《しんしょう》』（全六巻）の行巻末に載《の》せられた七言六十行百二十句からなる偈頌《げじゅ》「正信偈《しょうしんげ》」と五百数十首に及ぶ和讃、なかでも「浄土和讃」（一一八首）「高僧和讃」（一一七首）「正像末和讃《しょうぞうまつ》」（一一六首）、および念仏は、親鸞の教えを受け継ぐ真宗各派の法要儀式とその声明にとって、早くから重要な曲目であったろうことは想像に難《かた》くありません。

しかし真宗教団が形成され、法要儀式を整えていく過程では、先輩格の天台宗や真言宗の声明のみならず、「往生礼讃偈《おうじょうらいさんげ》」や「般舟讃《はんじゅさん》」などによる声明をいち早くもつに至った浄土宗や他の念仏諸宗の声明も採り入れたことを示す記録も残されています。そこでまずは、この初期の真宗声明の様子からみていくことにしたいと思います。

和讃はどのような方法で唱えられたのでしょうか。それを考える上で大きなヒントになることが、『法然上人行状絵図《ぎょうじょうえず》（四十八巻伝）』の第四十八巻に書かれています。法然の熱烈な信奉者である、空《くう》阿弥陀仏という人が、「法事讃《ほうじさん》」のなかの偈《げ》を「文讃《もんさん》」と称して、この讃と念仏とを交互に唱え始めたというのです。要するに念仏と讃とを交互に唱える形式の創始者ということになるでしょう。そしてこの讃（漢讃）が和讃に取って代わっても少しも不思議ではありません。このような形式はその後、法然門流に広く行なわれるようになり、現在では真宗各派と時宗《じしゅう》がこれを伝えています。ですから親鸞の「和讃」もこのようにして唱えられ始めたことはほぼ間違いないでしょう。

ここで了源《りょうげん》（一二九五〜一三三六）の著『纂頭録《さんずろく》』（一三二九）のなかの、次の文章を紹介しましょう。「六時のつとめをはぶきて三時となし、光明寺和尚の礼讃にかへて正信念仏偈《しょうしんねんぶつげ》等を諷誦《ふじゅ》せしめたまへり。また念仏ものうからむときは、和讃を引声《いんじょう》して、五首または七首をも諷誦せしめたまへりと、先師明光《みょうこう》よりうけたまはりき」。この文章は和讃のことだけではなく、当時の真宗の法要儀式とその声明をうかがう上で大変重要なことを含んでいます。

「六時のつとめ」とは「往生礼讃偈《おうじょうらいさんげ》」のことで、一日に六回、阿弥陀仏をはじめとする諸菩薩を礼拝《らいはい》するお勤めのことです。中国唐代の善導《ぜんどう》（光明寺和尚《かしょう》、六一三〜六八一）の撰《せん》であります。これをやめて三時（朝事・日中・夕座）のお勤めとし、その際には「正信念仏偈」などをお唱えさせになったというのです。また念仏のみでは形式が整わないときには「和讃」を五首引《び》き・七首引きで唱えさせられたと、先代（仏光寺六世）明光からお聞きしました、というのです。

この了源は仏光寺の七世ですが、本願寺の覚如《かくにょ》・存覚《ぞんかく》とも大層親交が深く、接触の多かったことはよく知られていますので、『纂頭録』の記事は、初期の真宗の法要と声明の様子を知る上で大変重要な意味をもっています。このなかに「諷誦《ふじゅ》」「引声《いんじょう》」ということばが出ていますが、これらはどちらもふしを付けて唱えることを指しています。

そうしますと、「和讃」も「正信偈」もふしを付けて唱えていたことになりますが、どのようなふしだったのかについては残念ながら確かなことはわかっていません。しかし和讃については、ごく初めは当時盛んであった今様という歌謡の、なかでも「法文歌《ほうもんのうた》」のようなふしではなかったかと思われますし、覚如が報恩講式《ほうおんこうしき》で唱えられる伽陀《かだ》という声明曲とともに和讃にも、天台宗の声明のふしをモデルとしてふし付けがされたという記録（『真宗故実伝来鈔増補』）があります。

それでは『纂頭録』のいうように、往生（六時）礼讃《らいさん》は全く勤《つと》めなくなったのでしょうか。ところが蓮如の子息の実悟（一四九二～一五八三）が著わした『本願寺作法之次第《の》』では、本願寺のお勤めは蓮如以前は「六時礼讃《らいさん》」や「法事讃《ほうじさん》」であったと述べているのですから話は複雑になります。

蓮如以前

実悟は『本願寺作法之次第』のなかで次のようなことを述べています。

親鸞が法然の追悼会《ついとうえ》で「往生礼讃偈《おうじようらいさんげ》」を唱えた。覚恵《かくえ》が臨終時に同礼讃のなかの「初夜礼讃《しよや》」を所望《しよもう》した。覚如・存覚が先師の法事で、善導編の「法事讃」を勤めた。さらに覚如の葬儀で、やはり「往生礼讃偈」のなかの無常偈という曲が唱えられた、といったことなどです。このとおりだとしますと、「往生礼讃偈」や「法事讃」が、頻繁《ひんぱん》に唱えられていたことになります。しかし、蓮如以前の、少なくとも本願寺の声明が、「往生礼讃偈」や「法事讃」だけではなかったことは、先に述べたとおりです。

それだけではありません。大原流声明が真宗声明の創成期に大きな役割を果たしたことも見逃せません。たとえば覚如が報恩講式を制作したとき、その式文の段と段の区切り目のところで唱える伽陀《かだ》や和讃に、天台宗の大原流声明に順じてふしづけしたことが、『七条日記』や『真宗故実伝来鈔増補』に見えています。

この記事で注目すべきことは、和讃のふしにこのとき転機があったことです。それまでの「今様ぶし」から大原流に変わったことになります。そして、このことを契機《けいき》として真宗の声明はその後も大原声明と深い関係を保ち続けていくことになるのです。

このように初期の真宗声明には、まずは親鸞の制作になる「正信偈《しょうしんげ》」「和讃」と「念仏」があり、それと併《あわ》せて善導の「往生礼讃偈」「法事讃」があり、さらに大原流天台声明があるというように、三つの系統の声明がありました。これらの声明がどのように組み合わされ、用いられるかということが、その後の真宗各派の法要形式とその声明の形成に大きく関係し、各派の声明を特徴づけていくのです。

ところで本願寺では五世綽如《しゃくにょ》（一三五〇～一三九三）のとき、広く浄土教全般にふたたび「往生礼讃偈」が盛んに唱えられる時期がやってきました。京都の浄土宗の檀王法林寺《だんのうほうりんじ》と浄土真宗西本願寺に、この時期の「往生礼讃偈」の写本が残されていて、この両方ともにほぼ同じ譜が記されているのをみても、このことがわかります。そして本願寺でもこの「往生礼讃偈」が盛んに唱えられ、その結果、「正信偈」「和讃」の声明は一時、影をひそめてしまったようです。なお、このころの（実際にはずうっと後までも）礼讃は、先の二つの礼讃本の例からもわかるように、全宗派を通して同じ「ふし」で唱えられていたと思われます。

やがて存如（在職一四四〇～一四五七）の時代になりますと様子が変わってきます。このころの本願寺の声明の様子を伝える記録は次のように述べています。「讃念仏、蓮如上人三十八ばかりの御《おん》歳《とし》（筆者注＝存如《ぞんにょ》在職中）よりと聞え申《もうしそろ》候」（『実悟記』）がそれであります。すなわち、存如在職中に、すでに少なくとも和讃と念仏による和讃六首引きのお勤めが行なわれていたと述べているのです。

そして、いわば復興された和讃声明がどのようなものであったかについて、大変重要な記事があります。一つは堅田《かたた》の明誓《みょうしょう》という方が遺《のこ》された聞き書きで、「大谷殿様御つとめは、北野の釈迦念仏をかたどりたまふとかや」と、述べています。もう一つはやはり実悟の「山科御坊之事」に「和讃を念仏にくわへ《え》申事《もうすこと》の次第は口伝《くでん》あり、九重《くじゅう》にこれをさだむと也。当時はやうやう品《しな》は三重《さんじゅう》ばかりにて候……」とあります。これらの記事からわかることは、一時、廃《すた》れた正信偈・念仏・和讃によるお勤めの復興に際して、その声明としての「ふし」や曲の構造は、以前のものと異なっていたということです。その様子を少し詳《くわ》しく次に見ていきたいと思います。

蓮如以後

存如から蓮如の時代にかけて再興された真宗声明が、その初めに「九重」であったとか北野の釈迦念仏をモデルとしたとかいう記述について、その意味を考えてみましょう。

まず釈迦念仏というのは「南無釈迦牟尼仏」を繰り返す念仏ですが、今日主として真言宗の寺院に伝わっています。すなわち北野（千本）の釈迦堂では現在でも九重《くじゅう》という唱え方で行なわれていますので、この念仏にならったとの記述の内容と一致することになります。

ところで九重とはどのような唱え方でしょうか。もし初重《しょじゅう》から上に向って二・三・四重とだんだん高くなっていくとしますと、とても九重まで唱えられるものではありません。しかし実際はそうではなく、三重が一番高くて、つぎに二重に下がることを四重といい、さらに初重に下がることを五重というように、ジクザグに上下しながら繰り返すのです。これならば何重でもできるわけです。この念仏は各重でふしをつけて三回ずつ唱えます。

ところでこの「重《じゅう》」の数が寺院（派）によって異なっています。高野山金剛峯寺《こんごうぶじ》などでは三重、智積院《ちしゃくいん》では九重、長谷寺《はせでら》では十一重です。本願寺は初め九重で和讃と念仏を唱えていましたが、山科時代にはすでに三重になっていたという記述もうなずけます。しかしここでいう「重」とは、和讃や念仏を唱える際の曲全体の音の高さのことで、言い換えれば儀式の構成の仕方ともいえるものです。

では旋律（ふし）はどうだったのでしょうか。こちらの方はやはり天台声明から採ったと見るのが自然でしょう。なぜなら、このとき以来、本願寺のみならず真宗各派とも、天台声明とは深い関係を持続しているからです。なかでも西本願寺と天台声明の関係は極めて密接になっていきます。その様子を次に見てみます。

本願寺は東西に分かれた後も一六一一年の「親鸞聖人三百五十回忌」までは共に全く同じ式次第で同じ声明を唱えていたことは遠忌の記録などからわかります。ところが五十年後の四百回忌からは西本願寺の声明曲目に天台声明曲がそのまま用いられるという変化が生まれます。もっとも真宗が天台声明の影響を受けたのは、このときが初めてでないことは見てきたとおりですが、唱句《しょうく》も旋律もそのまま採り入れた記録は初めてでしょう。またこの遠忌では寛永二（一六二五）年の報恩講以来初めて雅楽が用いられるなど、西本願寺の法要がこのあたりからその規模を広げ、天台宗大原の声明が数多く採用されていくのです。

さらに寂如《じゃくにょ》（在職一六六二～一七二五）の代になりますと大原から幸雄《こうゆう》（一六二五～一七〇二）という声明家を招いて、上人自らもその声明を学ぶなど、同声明を多く採り入れて、それまでの法要形式と内容を一新します。その模様を物語る資料の一つをあげましょう。それはその幸雄が寂如上人の求めで元禄二（一六八九）年に編んだ声明集です。その内容は全曲天台宗声明で埋められています。例えば四智讃《しちさん》・散華《さんげ》・後唄《ごばい》・三礼《さんらい》・六種回向・四奉請《しぶじょう》・合殺《かっさつ》・九声《くしょう》念仏・八句《はっく》念仏・云何《うんが》唄《ばい》・始段唄《しだんばい》・伽陀《かだ》十首……等々です。また寂如は元禄元（一六八八）年まで同本願寺の報恩講や遠忌の満日中で行なっていた「坂東曲《ばんどうぶし》」という、座したまま上半身を前後左右に動かして和讃・念仏・伽陀を唱える声明曲を廃止して、それに代わって天台声明曲の八句念仏をあてたのも元禄二年だったのです。その結果、この「坂東曲」は東本願寺のみに残されて今日に至っています。

この後も西本願寺は大原から歴代の声明家を招いて彼らから声明指導と法要の整備の協力を得ました。この傾向は正徳元（一七一一）年の四百五十回忌で頂点に達するのですが、つぎの五百回忌では旋律はそのままながら唱句を真宗にふさわしい内容に入れ替えるなどの工夫がなされました。

そして西本願寺と天台声明の関係はこの後も長く続きます。

伝承の時代

本願寺御堂衆《みどうしゅう》 光隆《こうりゅう》寺《じ》の知影《ちえい》（一七六三〜一八二五）は、寛政元（一七八九）年、二十七歳のときに天台宗大原流声明家知観《ちかん》の門に入り、同声明を極め、その伝承者として『魚山声明相承血脈譜《ぎょさんしょうみょうそうじょうけちみゃくふ》』に名を列せられています。そして彼は文化年間（一八〇四〜一八一八）を中心とした大原の情況を記した『魚山余響《ぎょさんよこう》』を残しました。この記録は当時の天台声明を知る上で貴重な資料です。それによれば、大原流声明が宮中の法会《ほうえ》で重要な役割を果たしていたことや、真宗のみならず他の多くの宗派にとっても声明の規範《きはん》と考えられていたことなどが生々《なまなま》しく記されています。
ところでその間の東本願寺（大谷派）の声明はどのようだったのでしょうか。こちらのほうは先に紹介しました西本願寺のように天台声明を大々的に受け容《い》れるということは行なわれなかったようです。言い換えれば、基本的には本願寺分立以前の勤行《ごんぎょう》形式と声明を伝承してきたと思われます。しかし全く変化がなかったとも言い切れません。ちょうど、西本願寺の寂如《じゃくにょ》（一六五一〜一七二五）が同寺の声明を天台声明によって変革したのと同じ時期（元禄時代）に、東本願寺でもとくに和讃の唱え方に変化があったと『声明秘伝口授録《ひでんくじゅろく》』（一七七八年：大谷派のもと五箇寺《ごかじ》の一つ願得寺《がんとくじ》蔵）に記されています。「或人云《あるひとのいう》　古来《こらい》声明秘伝《ひでん》ノ書二通《ふたとお》リアリ　一悟鈔《いちごしょう》　真知抄《しんちしょう》ト名《なづく》（中略）无碍光院《むげこういん》一如《いちによ》上人ヨリ真知抄《しんちしょう》ノ曲ニ改《あらたま》ル　此ヲ新曲ト名《なづ》ク　其已前《そのいぜん》ハ異知護《いちご》（一悟《いちご》）鈔《しょう》ノ曲ナリト云《いう》」とあるのがそれです。一如とは東本願寺十六世（延宝七～元禄十三）であります。

その変化が具体的にどのようなものかは、今のところは詳《つまび》らかではありませんが、同書には当時すでに和讃の唱え方に伝承寺院ごとの秘伝があったり、各寺院で微妙な相違のあったことを記しています。しかしそれらの変化は、いずれもそれ以前の声明の旋律や体系を根本的に変えてしまうほどのものでなかったことは、そこに記された声明譜と現在の同派の声明を比較してもうかがえます。

ここでもう一つ注目しなければならないのは「往生礼讃偈《おうじょうらいさんげ》」（六時礼讃）声明のことでしょう。この偈は中国唐代の善導（六一三～六八一）が一日六回、阿弥陀仏をはじめとする諸仏・諸菩薩を礼拝するために諸経典や詩文からその目的にふさわしい部分を集めて編纂したものですが、わが国では法然とその弟子たちが建久三（一一九二）年に京都八坂引導寺で唱えたのが最初とされています。その後、浄土教諸宗に急速に広がり、その礼讃本（板本）も建長二（一二五〇）年に現われます。やがて応永八（一四〇一）年には手書きながら譜博士《ふはかせ》（楽譜）を記入したもの（西本願寺蔵）が現われ、それとほぼ同じころの、かつ譜も同じものが浄土宗の檀王法林寺に蔵されていることもわかりました。このことからも当時、少なくともこの両派で同じテキスト、同じふしの「往生礼讃偈」

が唱えられていたことはほぼ間違いないものと思われます。

その後、延宝九（一六八一）年に西山浄土宗《せいざんじょうどしゅう》深草派《ふかくさ》から、初めての譜付き礼讃本「蓮門課誦《れんもんかじゅ》」が板木で出版されます。その譜は応永八年本とかなり異なりますが、それでも一脈通じるところがあります。また同じ年に鹿ヶ谷《ししがだに》法然院の忍徴《にんちょう》（一六四五～一七一一）によって、譜は付けず「初重」「二重」「三重」という記号を付けた「浄業課誦《じょうごうかじゅ》」が出ます。そしてやがて時宗《じしゅう》も融通念仏宗《ゆうずうねんぶつしゅう》もこれにならうことになるのです。浄土真宗本願寺派からは安永四（一七七五）年に「浄土真宗礼讃偈」が出ます。これは同派現行の礼讃とは六時の順序が異なりますがやはり蓮門課誦《れんもんかじゅ》から譜を移したものです。ところがその後、江戸末から明治にかけて浄土教各宗の礼讃のふしが変わってしまったなかで、西本願寺のみがそのふしを今日まで伝えているのです。つまりは往生礼讃偈声明については西本願寺は、一六八一年までは確実に、もしかしたら一四〇一年にまで遡れるかもしれないふしを伝えていることになります。

この他、大原の声明家で資料集『魚山叢書《ぎょさんそうしょ》』の大成者覚秀《かくしゅう》（一八一七～一八八三）が晩年、西本願寺の声明指導に専念したほか、真言宗の酒見寺《さかみでら》に引声声明《いんぜいしょうみょう》の許可状を出すなどの幅広い活動をしています。また同じく大原の声明家石室静洞《いしむろじょうとう》が真宗高田派の声明集を編纂《へんさん》し、大原稀代《きだい》の声明家とされる多紀道忍《たきどうにん》が日蓮宗の声明集や、西山浄土宗深草派声明集に記譜。同じく滝本深達《じんたつ》は知恩院の八橋玉純《やつはしぎょくじゅん》に声明伝授《でんじゅ》を行なうなど各宗各派と天台声明との関連は今日にまで及び、大きな影響を与え続けています。

楽譜のはなし

「声明は音楽か」という議論があります。その発端は声明を五線譜で表わすことの是非からだったようです。そのなかにはヨーロッパの音楽と声明が同列に扱われることへの宗教者からの強い反発があります。

この二つの分野は、「音」で何かを表現する点、ヨーロッパの音楽もキリスト教を柱とした歴史を歩んできたという点で、宗教音楽としての共通性を備えていますが、しかし、こと音楽に対する考え方に関しては全く異なった歴史を歩んできました。

この相違はどこから来たのでしょうか。ヨーロッパ人たちは、本来目に見えないはずの音を見える「かたち」で表わし、書きとどめる方向へと歩みだしたのです。それでも初めは横文字の上に「ふし」を暗示するようなものでしたが、十世紀ごろには一本の横線を書いて、その線との距離で音の高低を大まかではありますが表わすようになりました。大げさにいえば、この一本の線を書くか否かが、その後のヨーロッパと日本の楽譜の歴史を決めたのです。十八世紀まで費やしてヨーロッパ人たちは彼ら特有の徹底した合理主義精神でもって今日見るような五線譜を完成させました。しかし所詮《しょせん》、音を完璧《かんぺき》に「かたち」で表わすことは不可能です。彼らが誇る楽譜ではあっても、音楽の実際を忠実に書きとどめているとはいえません。その間を埋めるのは何と「口承口伝《こうしょうくでん》」なのです。

音（声）色・息づかい・表情・微妙な、ときには大胆な伸び縮み・力感・その他もろもろの、それこそ音楽の生命そのものといってよい重要な部分は、実は楽譜には厳密には現われていないのです。もちろん、楽譜から読み取ることも不可能ではありませんが、そのためには豊富な音楽経験を土台にした研ぎ澄まされた感性が求められます。その感性こそが、その曲を生んだ時代と文化を受け取る力なのです。そしてその感性の獲得へと導いてくれるのが口承口伝《こうしょうくでん》なのです。例えば一般に「レッスン」といわれているのは、口承口伝の場の一つといえるでしょう。もちろん音楽は単なる「再現」ではなく、演奏（唱）者の「表現」を通じて初めて成り立つものです。同じ曲目であっても高い料金と時間を費やして、人々が音楽会場へ向かうのは、まさにそれ故です。

ところで私たちの祖先はヨーロッパの人たちとは異なった道を歩みました。初めから、「音」を「かたち」に書き表わそうという発想はありませんでした。このことはしかし、発想力の貧困とか、音楽文化の未発達ということでは決してありません。むしろ音楽の何たるかを深く洞察し、その本質をしっかり捉えていたことを物語っていると思います。音楽は本来的に人間から人間へと、その人格や生きざまと不可分の関係でまるごと受け取るものであるという思いがあったからこそ、「音」そのものから離れた、「もの」である楽譜に音楽を委《ゆだ》ねるという考えが起こらなかったのでしょう。とくに声明においては、このことは顕著《けんちょ》です。

天台宗や真言宗では鎌倉時代以後、楽譜（声明でいう博士）が考案されますが、これは全く備忘《びぼう》のためのもので、はっきりいえば、その曲のふしを知っている人のためのものでした。そしてそのふしを知る方法が、師匠からの直接の口伝《くでん》であるという点は、今日においてもいささかも変わっていません。

しかし、この伝承方法は、それに携《たずさ》わる人々が強い使命感と責任感に燃えていることを大前提としています。もし伝承の途中に不誠実で無責任なことが行なわれれば、アッという間にくずれ去ってしまうからです。残念ながら、声明の歴史は、そのような事態が幾度となくあったことを教えています。

さて今日では、秀れた録音方法があり、ヨーロッパの五線譜とその音楽に触れる機会も多くあります。私たちは日本の伝統的な音楽への姿勢を大切にしながら、それらの長所と限界をしっかり見つめて、その全てを活用すべきではないでしょうか。そして誇り得る伝統を、あらゆる方法によって後世に伝える責任があると考えます。

声明・歌・ことば

洋の東西を問わず、歌とことばの関係については古来、いろいろと論じられてきました。古くはギリシャの詩を朗読する際の、長短母音の約束ごとから、新しくはわが国近代歌曲の、日本語の抑揚と旋律の問題までであります。これらの議論で一番中心になってきたことは、ことばをどのように発音し、どのようなリズムや旋律に乗せれば、そのことばの意味や響きを生かし、そのことば特有の表情をそれに適《ふさ》わしく表現できるかということです。このことは同時に、ことばの意味や内容を生かしながら、曲全体としてまとまりある表現をし、しかも人の心に届くような魅力ある旋律にするにはどうすればよいかということでもあります。

ところでキリスト教の教会音楽、なかでもグレゴリオ聖歌は、七世紀ごろから十二世紀ごろまで、旋律が定められ、そこから離れることはありませんでしたが、それ以後の新しく現われた教会音楽の様式のなかで、長期に亘って素材を提供し続けました。

仏教の声明では、わが国のほとんど全ての宗派の声明に、大きな影響力を今なおもっている天台宗や真言宗の声明には、幾つかの短い旋律のまとまり（旋律型）をつないで一曲を作り上げたものや、ことばの抑揚に従ったと思われるものがあります。そのうち、旋律型による場合は、いってみればできあいのふし（旋律）にことばを当てはめることになり、この点だけを見ますと、ことばを生かすというより、旋律優先のように思われます（しかし、そのなかにもことばを大切にした配慮はされているのですが、このことは後に譲ります）。このような型にはまった旋律で曲をつくるという方法は、平家琵琶・謡曲・浄瑠璃などにも見られ、それは声明の影響によるものと考えられます。

また、ことばの抑揚に従ったと思われる曲は、主として日本で生まれた声明に見られますが、こちらも声明以外の音楽に大きな影響を与えたことは間違いありません。一言ひとことに短い音を示す譜を記し、数行や数句をほぼ同じ高さの音を中心として唱えていくところの、いわゆる「重」によって構成されている曲、例えば「往生礼讃偈」などがこれにあたります。

さて、伝統的な音楽の歌詞には昔の日本語の発音がよく保存されていますが、なかでも声明はその第一だろうと思います。一例をあげれば、天台宗で「始段唄《しだんばい》」、真言宗で「如来唄」と呼ぶ「唄《ばい》」という曲があります。唱え出しに「ン」の字が置かれ、続いて「如《にょ》」を唱えます。「如来妙色身《めうしょくしん》」の唱え始めの部分です。ところで、この「ン」は何を意味しているのでしょうか。これは「ン」を発音するときの口と舌の形から「にょ」を唱えることを表わすと同時に、その「ン」を特に強調するように求めているのです。「如来」という大切なことばをおろそかにしないための見事な工夫といえましょう。

また、それに続く「妙」の字はメウと歴史的カナ遣いで唱えられています。これは呉音の発音で、この文字にはこのほかに「べウ」という漢音や、現代中国語の「ミャオ」、現代日本語の「ミョウ」など多くの発音があります。このうち「メ」「ウ」は今では同格の響きをもっているように思いがちですが、この文字「妙」につけられた実に長大な旋律と、それを表わす譜によりますと、その大部分は「メ」で唱えられ、ごく終わり近くでやっと「ウ」が唱えられるのでありまして、そのことから「メ」が主要な発音で「ウ」は最後につけ加えられる軽い音だということがわかります。

このほかにも多くの例があり、それらによって声明は古い日本語を残しているだけでなく、古人の文字やことばに対する鋭い洞察と、旋律に乗せるときのこまやかな配慮の生きた実例であることが示されています。ところで最近巷間の歌や若者の日本語の中から「シ」の発音が消えつつあることにお気付きでしょうか、「ワタスィ（私）」「スバラスィー」など。もっとも「シ」はもとシャ・シ・シュ・シェ・ショのシで、サ行はサ・スィ・ス・セ・ソだったといいますから、昔に戻りつつあるのかもしれません。

このように声明や歌を通じて、ことばに関心を向けるのも、また世界を広げてくれて楽しいことではないでしょうか。

声明は音楽

宗教と音楽との関係についても、洋の東西を問わずいろいろと語られてきました。そのなかで、ひときわよく言い当てたことばを紹介しましょう。

「音楽は、哲学より高い神の啓示《けいじ》である」

とは、高い芸術の境地に到達したベートヴェンにして言い得たことばでしょう。

また、

「ある時、歌の神が地上に降り立ち、命あるもの全てに歌を教えた。小鳥にはさえずりを、風には口笛を、木には囁《ささや》きを、川にはせせらぎを、そして人間には神を讃える歌を教えた」とのことばは、エストニアの素朴な人たちの間で語り継がれてきました。この二つの例言はいずれも、自然と人間の営《いとな》みが、全て神の意志によっているという、キリスト教の信仰がその根底にあることは言うまでもありません。その上に立って、音楽こそが神を讃えるに最もふさわしい方法であり、同時に、人々がそのようにすることそれ自体が、神の意志であるということを言っているように思われます。

仏教では、経典のなかで次のように言います。

「無量寿如来が教えを説かれるときには、四方から自然に風が吹き起こり、全ての宝石でできた樹々を揺り動かして、五種の音声《おんじょう》が流れ出る。全ての天人たちは皆さまざまな種類の音楽を仏に捧げる（無量寿経―意訳）」

と。また、

「如来が教えを説かれる声は清く、宇宙の隅々まで徹《とお》って響きわたる」

とも言っています。

ところが皮肉なことに、これほどに音楽を高く評価しながら、両宗教はともにその初期には、儀式に音楽を用いることを固く禁じていました。とくに楽器の音楽は厳しかったようです。それはきっと、キリスト教の場合は、異教徒の音楽が儀式に入ることへの警戒だったでしょうし、仏教の場合は、世俗の響きが修行者たちの心を乱すと考えてのことだったのでしょう。

それでも聖セシリア伝説にもあるように、オルガンなどの楽器の導入や、グレゴリアン・チャントと呼ばれる聖歌の成立（八世紀）を契機《けいき》として、キリスト教音楽は見事な発展を遂《と》げ、さらにその後のヨーロッパ音楽に大輪の花を咲かせる原動力となったのです。

仏教においても西暦一世紀ごろ、中国に伝わってのち、隋《ずい》・唐《とう》時代ともなると、音楽は儀式にはなくてはならない重要な構成要素の一つとなりました。中国ではその後、仏教は何度となく衰退《すいたい》と復興を繰《く》り返しましたが、現在も多くの寺院で、鐘・太鼓・鐃《たお》・鈴などの合奏によって讃歌や経典や念仏の歌詠が行なわれているのを見るにつけても、中国仏教と音楽の関係の深さがうかがえます。

また、中国の五台山《ごだいさん》やチベット、ネパールやインド北部のチベット仏教寺院では、長大なホルン・法螺貝《ほらがい》・復リード楽器・シンバル・太鼓などといった楽器の合奏と、訓練された僧侶の声明による、見事な音楽法要が行なわれるほか、北京の智化寺《チーホアスー》には笛・弦楽器・雲鑼《うんら》などによる、秀麗《しゅうれい》な寺院音楽が現存しています。

日本においても八世紀の中ごろに、当時の仏教世界に例を見ないような規模の、いうなれば一大国際音楽芸能フェスティヴァルが東大寺の大仏開眼《かいげん》供養の儀式に際して催されていることでもわかりますように、その後も長い間、仏教寺院とその儀式は声明だけでなく、その時々の最先端をいく音楽や芸能の演奏の場でした。そして仏教は次々と新しい音楽芸能の創造を促《うなが》す活力をもっていたのです。

音環境が危ない

私たちを取りまく「音楽」と「音」の環境について考えてみたいと思います。

本来、繊細《せんさい》で豊かな感受性を備えていたはずの日本人ですが、その音感覚《おんかんかく》は今も健在で、今後の音文化の基盤であり続けることができるのでしょうか。答えは極めて悲観的です。それには大きく分けて二つの理由が考えられます。

その第一は自分たちの国の文化に対する日本人自身の意識の問題です。私は最近まで西ヨーロッパと呼ばれていたほとんど全域と、チベット・敦煌《とんこう》を含む中国各地・インド・ネパール・韓国などの各国各地域を訪《たず》ねましたが、訪《おとず》れた先々で出会った人に、決まったある質問を繰り返しました。それは、「あなたは〈音楽〉といえば、どんな音楽をまず思い浮かべますか?」という問いかけです。返ってきた答えのほとんど全部は、決まってそれぞれの国と地域に固有の音楽でした。

もしも私たちが外国の人たちから同じ質問を受けたならば、どのような返答をするのでしょうか。

数年前の朝日新聞のコラム欄に次のような評論が載《の》っていました。

ある日本人のオペラ歌手がヨーロッパで公演し、大変好評でした。公演後のパーティーで同席の新聞記者が「あなたのアリアは大変すばらしかった。そこで、あなたのお国の歌をぜひ歌ってほしい」と所望《しょもう》しました。その歌手の頭には日本の歌が一曲も浮かんでこなかったそうです。やっと歌い始めたのがアイルランド民謡〈庭の千草〉であったといいます。居合《いあわ》せたヨーロッパの人たちはざわついたとありました。

しかし、例えば浄瑠璃や文楽《ぶんらく》・歌舞伎《かぶき》の関係者なら、その質問にも「並木宗輔《そうすけ》の浄瑠璃《じょうるり》、一谷《いちのたに》嫩《ふたば》軍記《ぐんき》の三段目〈熊谷陣屋〉です」といった答えがすぐに返ってくるかもしれませんが、多くの日本人にとりましては、このオペラ歌手のことを笑うことはできないのではないでしょうか。

二つめの理由は、文字どおり音についての危惧《きぐ》であります。最近の私たちの周《まわ》りを取り巻く音環境が急激に変化してきていることであります。最も著しい変化は警報音の氾濫《はんらん》であります。音は警報の手段として乱用されています。アラームであります。アラームは今日では目覚し時計だけがもっている機能ではなくなっています。緊急出動車や鉄道踏切の列車接近警報音、電話の呼出音などは止むを得ないとしまして、車内のブザーや車内案内アナウンス前のコールサイン。ラジオ・テレヴィジョンでの番組開始や終了のサイン音楽などはそのごく一部であります。コマーシャルもいよいよ手段を選ばない傾向が濃くなってまいりました。また、携帯電話の呼び出し音や場所と時を考えないい大声でのやりとりは、社会生活を脅《おびや》かしています。

これらと同次元で扱うことには差し支えがあるかもしれませんが、多くの幼稚園・保育園・小学校を含む教育機関では、音楽は、あることを始めたり終わったりする合図として盛んに用いられています。もちろん音楽には、もともと合図や信号の役割も課せられていますので、決してそのような用い方を否定するものではありませんが、それと音楽教育の目的とは軌《き》を異《こと》にするものでありま す。

このような信号音や警報音（アラーム音）、衝撃音《しょうげきおん》の氾濫《はんらん》のなかで暮らしていますと、子供に限らず多くの人々が、音に対する重い不感症に陥《おちい》るのではないでしょうか。いやすでに多くの人々が陥っていると思います。これは決して医学でいうところの聴力が衰えることだけをいっているのではありません。音を聴き取り、感じ、うなずくところの心のことであります。医学博士の杉靖三郎という方が、「声楽としての読経と精神生理」という随筆のなかで次のように述べています。「静座・腹式呼吸……などが、大脳の古皮質（情動・意欲・筋肉の緊張をつかさどる）を鎮静にさせ、新皮質（知性・理性をつかさどる）を賦活させる作用がある……これに対して、音楽もリズムが速くなり、音が強くなると騒音となり、古皮質はつよく刺激され、興奮して情動に駆り立てられ、肉体的にも反映し衝動的な行動に追いやられる。そして新皮質の働きは緩められ、思考力・判断力はにぶって、各批判に付和雷同するようになる」というのです。今日の私たちの音環境に対する警鐘《けいしょう》といわなければなりますまい。

遊びと教養

現代の大部分の人々には「遊び」と「教養」は、遠く離れたものとして受け取られているように思われます。「遊び」はほとんど努力なしで体験できる、最近の言い方ではプレイやレクリエイションで、息抜きであり気晴らしであると考えられているのではないでしょうか。すると「教養」は特別な努力の結果として得られるものであるということになりましょうか。それでいて現代人は、大人から若者や子供に至るまで総じて「遊び」が下手、いや「遊び方」を知らないと指摘されています。

平安時代末期の一人の人間の生きざまを通して、この「遊び」と「教養」に思いをめぐらしたいと思います。といいましてもやはり音楽や声明と関係のある話です。その「人」とは後白河法皇《ごしらかわほうおう》です。法皇は「魚山声明相承血脈譜《ぎょさんしょうみょうそうじょうけちみゃくふ》」に名を連ねる歴《れっき》とした天台大原流の声明家です。また天皇在位中の保元二（一一五七）年五月十四日に、御懺法講《おせんぽうこう》という法華経《ほけきょう》講読《こうどく》と懺悔《さんげ》の法会を宮中で始められた方です。大原流の声明家の家寛《けかん》が承安二または三（一一七二または三）年に声明曲集を編纂《へんさん》して法皇に献上《けんじょう》していますが、これも恐らくは法皇の所望《しょもう》によるものと思われます。

公卿《くぎょう》社会の動揺《どうよう》と武士の台頭《たいとう》という激動の時代に、権勢を振るって立ち向かった帝王としての生涯や、自著『梁塵秘抄《りょうじんひしょう》』から読みとることのできる音楽家、声楽家としての法皇はよく知られているところですが、声明家としての法皇は一般にはほとんど知られていません。

それにしても権謀術策《けんぼうじゅっさく》の渦巻《うずま》く激動の日々に明け暮れたであろう法皇の、どこにそのような嗜《たしな》みにあてる時間や心のゆとりがあったのでしょうか。ところが、そのように考えること自体が間違っていることを、『梁塵秘抄』が私たちに教えてくれているのです。

確かに、平安時代にも「遊び」ということばがありました。しかし、その意味は現在とは大いに異なっていました。公卿にとって「遊び」とは舞楽《ぶがく》のことであり、雅楽器（横笛・琵琶など）を演奏することであり、神楽歌《かぐらうた》や今様《いまよう》・催馬楽《さいばら》・朗詠《ろうえい》などを詠《うた》うことだったのです。そして加うるに、歌（和歌）や漢詩の制作、書の鍛練《たんれん》、日常および儀式の立ち居振る舞い（作法）等々、それらは決して今日の「遊び」ではなく、朝廷や公卿社会に生きる者にとってなくてはならない必須《ひっす》の教養であり、それぞれに通達《つうだつ》しているということは公卿であることの証《あかし》でもあったのです。

ですから彼らは真剣に遊び、命がけで遊んだといっても言い過ぎではありません。今日では「たしなみ」といいますと、何だか本職とは別に手慰《なぐさ》み程度に趣味としていることを指すようですが、平安時代のたしなみは、本気で真剣に取り組んでいることを意味したのです。後白河法皇に至っては当時、世をあげて盛んだった「今様《いまよう》」という歌謡を、夜を日に継いで歌い続け、ついには水も喉を通らなくなったと『梁塵秘抄』に自ら書いています。今様を歌う者がいるとの情報が入ると、どんな手段を労しても呼びつけて聴き、自ら出かけても行きなどして、学ぶべきところがあれば学びました。大勢の公卿たちが法皇と共に今様を歌い、何日間にも及ぶ歌の会を催しました。このように当時の一種の流行歌謡であった今様は公卿社会を中心に広く盛んでしたが、普通、舞をともなった今様の名手・舞人の大部分は白拍子《しらびょうし》と呼ばれる女性たちでした。白拍子のなかには高い教養と知性を備えた者もいます。法皇の今様の師匠となった乙前《おとまえ》という人もその一人です。法皇自身も今様の伝承者として、一流の家元として後世に名をとどめたいと願って書き綴ったのが『梁塵秘抄』であります。

ここで特筆すべきは、このように平安時代の人々が「遊び」にかけたすさまじいまでの努力と研鑽の成果から、後世の私たちがどれほど多くの恩恵と遺産を受け継いだかということです。極言すれば、今日の日本文化の基盤の大部分は、平安文化のなかに見出すことができるのです。時代と共に「遊び」の内容が変わっていくことは避けられませんが、このように「遊び」と「教養」が一体であった時代が生んだ豊かな文化を思うにつけても、単なる気晴らしにすぎない「遊び」の空しさに思いが至ります。

日本語このごろ

「サンチョウ　カラノ　チョウボウ」を漢字仮名まじり文にせよとの問いに、「三町からの長棒」

という学生の回答があったと、ある友人から聞きました。ワープロの漢字変換ミスではありません。

この笑うに笑えない話の根源は深刻です。これに近い例は他にも事欠きません。あるテレビ局のアナウンサーが祭典はいよいよケイキョウ（佳境《かきょう》）に入りました……」といったり、作物《さくもつ》を「サクブツ」というぐらいでは驚かなくなりました。

私の中学時代の国語の先生が授業で言われたことを覚えています。「人前でどんなに立派な話をしても、重複《ちょうふく》をジュウフクと言った途端に、その人の教養が疑われることになる」と。それが何と四十数年後のいまでは国語辞書『広辞苑』の項目に「じゅうふく」が登場し、日常会話でも「チョウフク」はほとんど聞かれなくなりました。固執《こしゅう》も「コシツ」となり、「コシュウ」は少数派となりました。考えてみればことばの歴史は、所詮、省略と誤用の歴史ということができるかもしれません。「こんにちは」「さようなら」もその後に続くことばや文の省略ですし、相手に対する最大級の尊敬語の「貴様」や、自分への謙譲《けんじょう》語の「手前《てまえ》」が「キサマ」「テメー」と、相手を罵《ののし》る喧嘩《けんか》ことばになっています。

ところで、日本語は古代に中国から漢字と発音を受け取ることで、豊かな表現ができるようになりました。その恩恵は計り知れないものがあります。仮名を創出することができたのも漢字のおかげです。ところが最近、その仮名の基になった漢字の意味や字形に注意を払わないで、例えば「ソ」「リ」「ン」「こ」「ニ」を全部「ソ」の字に近い形で書くという目を疑いたくなる例が珍しくなくなりました。また、「ア」「3」「ろ」「る」「そ」の全てを「3」のような字形で表わすなど、驚くべき実例が広がっています。漢字の読み違いや意味の取り違いはことばと文字の歴史のなかでは珍しくありませんが、仮名の表記の混乱はそれとは異なる重大な問題です。この仮名の混乱は、漢字の草書で「人〈にんべん〉」「彳〈ぎょうにんべん〉」「氵〈さんずいへん〉」「言〈ごんべん〉」などが、一様に縦の直線で表わされるのとも意味が異なります。漢字は表意文字ですから、略記の仕方や約束を知っていれば読みとることができますが、仮名は、言うなれば発音記号のようなものですから、形の区別がなければ読みとれません。もっとも、仮名の古筆にも「く」「ら」「ろ」「し」などが判然としない例も決して少なくはありませんが、美的な意図がしからしめた結果と見るべきで、先の例と同列には扱えません。

ではこの現状を招いた原因は何でしょうか。第一には教育に携わる者に責任があります。この現実を「山頂からの眺望」と他人事のように済ます訳にはいかないでしょう。上級校への進学のためのマークシート方式やクイズまがいのテストをくぐり抜ける技術への熱中が、いつの間にか人となりにとって最も大切な基本をなおざりにしてきた結果としか言いようがありません。長年教育に携わってきた私もその責任から免れることはできません。ですからことばと文字を巡っての学生との格闘の毎日を送っています。

そのなかでわかってきたことは、若者に限らず多くの人々が母国の文化にほとんど関心をもたず、またその知識に乏しいということです。その結果が、文化の結晶であることばや文字の貧困と混乱に反映していると思えてなりません。このことはとりもなおさずそのまま文化の断絶が進行しているということです。国際化がいわれる今日こそ、母国の文化への深い愛着と正確な認識が求められているのではないでしょうか。

聴くこと

ある著名な作家のご子息の、閉ざされていた心を開くきっかけとなったのは、小鳥のさえずりであったといいます。やがてその彼は音楽の道へと導かれました。

ここでは音楽と自然について日ごろ、私が考えていますことを述べさせていただきます。

仏教経典には次のようにあります。「如来《にょらい》が真実のお話をされるときには、まわりに自然に風が起こり、その風が宝石でできた樹々の枝を通り抜けるとき、妙なる音を発し、菩薩《ぼさつ》や天人たちは音楽を奏でて如来を供養《くよう》する」というのです。

また北欧の民話のなかにも「ある時、神が地上に降り立ち、命あるもの全てに歌を教えた。小鳥にはさえずりを、風には口笛を、小川にはせせらぎを、そして人間には神を讃える歌を教えた」とあります。これらは音楽を人間の計らいとしてではなく、自然の働きの一つとして、すなわち如来や神の計らいとして理解する一方、尊敬し信ずるものへの捧げ物として、音楽が最も相応《ふさわ》しいと考えられてきたことを物語っています。

しかし、自然の音には、雷鳴や地鳴りのような衝撃的な大音響もあります。そしてそのような音は、人々に恐怖心を起こさせ、人々は耳を閉ざしてしまいます。もしもそのような大音響が人工的に作られたとしたらどうでしょうか。例えば拡声器の音量を最大限に上げたり、がなり立てるだけの歌唱などがそうです。そのような音は聞き耳を立てる必要がありませんから、より小さな静かな音を聞き取ろうとする能力は急速に退化してしまうことでしょう。

最近、私たちの周囲では、音環境の悪化が急激に進行しているように思えてなりません。マイクの声にしか注目せず、激烈なエンジン音に快感をおぼえるようになりますと、もの静かに語る人の声に耳を傾けたり、何よりも自然の音に耳を澄ますことはなくなってしまうでしょう。聴覚に障害をもつ人々が、全身で自分への呼びかけや情報を受け取ろうとされている姿と比べて、何と大きな相違でしょうか。

私は常づね、音楽とは「聴くこと」だと考えています。他人の歌や演奏を聴くことばかりをいっているのではありません。自分が歌ったり演奏をするのは、自分の音楽を「聴くこと」に他なりません。音楽をする技術も、どんな音楽が聴きたいのか、どんな音楽にしたいのかというのが初めにあって、それを実現するための手段だと思っています。その「どんな」をもつには、音や音楽を感じることが必要です。そのためには多くの音楽を聴くことも必要ですが、何よりも私たちが忘れかけている自然のささやきに聞き耳をたてる心の働きが大切と考えています。

もしも自然の語りかけに心が応えたならば、その時こそ、その人のなかに音楽が芽生えたといっていいでしょう。天上界で天人や菩薩たちが、如来を讃えてする奏楽の音を聞く思いに浸ってみようではありませんか。

宗教音楽「声明」

いきなりおかしなことをいうようですが、落語の枕に「親の説教とお経は短いほうがいい」などというのがあります。親の説教はさておき、お経も有り難くないものの代表のように思われているのでしょうか。また、だらだらと変化なしに文章を読んだり話をすることを、まるでお経を読んでいるようだ、などといいます。こんな時のお経は、大抵、お葬式や法事や、お寺から住職がお月詣りに家に来られたときに耳にするお経を指しているように思われます。このようなお経は、いつも人の死と深く結びついた場面で唱えられますので、普段の生活からは遠ざけておきたいという気持ちが働くのも無理からぬことかもしれません。しかし私は仏教はもともと私たち人間にいかに生きるべきかを指し示す教えであると思っていますから、その教えに出会った歓びを表わすのが本来の仏教儀式の姿だと考えています。

今日はこのお経の名誉挽回《ばんかい》のために、仏教にはもっともっとすばらしい音楽があり、その響きは宇宙からの呼びかけのように人々の心を魅了する力をもち、そのはたらきは現在も生き続けているというお話をします。

私はもともとヨーロッパ音楽を学んだ一人でしたが、不思議な縁あって仏教寺院の音楽にいたく心を惹かれ、その魅力の底にどんな秘密が隠されているのかを知りたくなった者です。そうするうちにいろいろのことがわかってきました。仏教の儀式で僧侶の方が声に出して唱えられるお経をはじめ、仏さまや菩薩の徳を讃える讃歌や念仏などを日本では声明といいますが、その声明のなかにはインドの古いことばでできているものや中国語の漢字のものや日本で作られたものなどがあります。その源がどのようであったかを調べると、やはりインドからということになります。

インドでは今から八百年ほど前に仏教が衰退してしまいましたので、それまでの仏教の音楽や声明を知ることはできませんが、お釈迦様がおられた時代よりもずっと以前から今まで読まれ続けている「ヴェーダ」というお経があります。このお経はふしを付けて読むのですが、そのふしを聴きますとごく初期の仏教のお経の読み方もこのようではなかったかなと思わせてくれます。どうしてかといいますと、このお経はバラモン教という古代インドの宗教のお経で、お釈迦様の弟子たちもこのようなふし、メロディーでお釈迦様の説かれた教えを暗唱していたと考えられるからです。この「ヴェーダ」は現在ではヒンドゥー教のお経として読まれています。私はそのメロディーを、ガンジス河の畔の、沐浴で有名なヴァラナシという聖地で録音しました。私たちの心を、悠久の昔に運んでいってくれるようなメロディーでした。

このようなふし付きのお経を含めて、歌を歌うことを古代インドではガータ（歌われるもの）といっていました。仏教は今から二千年ほど前に中国へと伝わりましたが、その中国ではインドから伝わった仏教の歌を、伽陀・唄・梵唄・梵音などと呼ぶようになりました。やがて中国語の漢字に翻訳したお経やその一部の詩の形で書かれた部分にふしを付けたり、仏様や菩薩の徳を讃える漢字で書かれた曲が生まれました。

中国では今もそのような讃歌が盛んに歌われています。その讃歌の一つで、儀式の初めにお香を焚いて歌う「香讃」という曲は、一般の寺院で広く唱えられています。上海南方に連なる天台山というところで聴いた香讃は特に印象的でした。

またチベット仏教で、多種類の楽器を用いた独特の儀式が行なわれていることは、今日ではテレヴィジョンなどでもよく紹介されるようになりました。

＊

中国のそのほかの地域の一般寺院でも声明は大抵、太鼓や鉦などの楽器が拍子を取るのに合わせて歌われます。そのなかでも北京の南西方向にある山西省の五台山（日本天台宗第三代座主の慈覚大師円仁がここで仏教と音楽、声明を学んで帰国後、それを比叡山延暦寺に伝えた）は日本の声明にとっては故郷のような場所ですが、その五台山の中の南山寺というお寺では吹奏楽器が加わった華麗な儀式が現在行なわれています。

このような仏教音楽のなかからどれほどのものが日本に伝わったかは実はほとんどわかっていませんが、中国や朝鮮半島から日本に渡ってきた僧侶たちや、日本から彼の地で仏教を学んだ僧侶たちによって、多くの曲が伝えられたことは充分に想像できます。しかしその後、そのほとんど全ての声明は日本で変化して、中国のほうでも大きく変わってしまって、昔の声明の姿はわからなくなっています。

そのなかで、声明のうち日本で最も古い姿を遺《のこ》しているのではと注目されるのが奈良東大寺二月堂で行われる修二会《しゅにえ》という、一般には「お水取り」と呼ばれている行事で唱えられる声明です。なぜなら、このお水取りは天平勝宝四（七五二）年、今からほぼ千二百五十年以上前に始まってこのかた、一度も途絶えることなく続いてきたことがわかっているからです。声明という音楽は、仏教の儀式があって初めてある音楽ですから、その儀式が途絶えずに続いているということは、伝統が守られ、昔の姿を色濃く伝え続けているということになります。その声明のなかでも、南無観自在菩薩と繰り返し唱える「宝号《ほうごう》」という部分は特異といえます。

このような仏教儀式のなかで歌われる曲は中国でもわが国でももともと伽陀《かだ》・唄《ばい》・梵唄《ほんばい》・梵音《ほんのん》または念仏・魚山《ぎょさん》、日本では鎌倉時代にそれらをひっくるめて声明と呼ぶ呼び方がされるようになりました。この声明ということばは本来文字の読み方や発音などを研究する学問を意味していました。

このあたりで、仏教がどんな音や声、どんな響き、言い換えますとどんな音楽を理想としているのかについて考えてみましょう。そのことを知る手がかりとして、あるお経のなかでは次のように言っています。「如来の正覚の大音は十方に響きわたる」というのです。如来とは悟りを開いた人、真理に目覚めた人、そのような境地に到達した人という意味ですので、私たちの住んでいるこの世界では、お釈迦様のことです。その釈迦が悟りの内容をお話しになるその声が、宇宙の隅々《すみずみ》にまで響きわたり、届かないところはどこもない、というのです。また次のようにも述べています。修行中の人々、これを菩薩といいますが、この人たちが如来の教えを聞くために講堂に集まっていると、その周りの空気が自然に動き始めて、風が起こるのです。そしてその風がいろんな宝石でできた樹々の枝の間を通り過ぎるとき、枝々が揺れて素晴らしい音楽を奏でるというのです。また、如来が話されるその声は、清らかで穏和で、それでいて全ての物を徹してしまうほど澄み切っていて、宇宙のどこまでも響きわたり、その声の届かないところはないともいっています。また、その如来に捧げるために、修行中の菩薩たちや仏教の守護者である梵天、それに天人たちが音楽を演奏し歌を歌うともいっています。つまり、天上界に住むと考えられている人々が奏でる清らかで、何物をも徹してしまうような澄み切った響きこそが、仏教が理想として描いた音楽の響きなのです。

しかし、そうは言いましても、それぞれの民族や地域、文化圏が異なると、それぞれ音楽の理想像が異なりますし、どのような響きを美しいと感じるかということも当然異なります。

＊

私が、かなり広範に調べましたキリスト教の教会音楽についてもいえることですが、ローマのヴァチカンの権威の下に儀式とその音楽が統一されているカソリック教会でもつぶさに観察しますと、民族や地域によって微妙な違いがあります。

ましてや仏教には国や民族を超えた、全体を統一するような権威の中心がありませんから、国や民族ごとにさまざまな儀式音楽が生まれたのはむしろ当然のことです。

その上とくに日本では、多数の宗派が成立し、そのそれぞれが独自の儀式の仕方と音楽をもつことになり、一つの物差しで全体を見ることはできない状況です。

そこで私は、三十数年前からそのような仏教音楽の様子を調べるために多くの寺院を訪ね歩きました。何か楽譜のようなものが遺《のこ》されていないか、僧侶の方々はどのようなテキストや楽譜を見て唱えておられるのかなど、興味の尽きることがありませんでした。もちろん、声明の歌詞といいますか、文句はお経からとったものが多く、いくつかの宗派に共通するものが多々ありますが、同じ歌詞でもふしは宗派によって異なるのが普通です。しかしなかにはふしも共通という場合もあります。

日本にはたくさんの宗派がありますが、ざっと見渡してもまず奈良にある寺々はその一つ一つの寺院がそれぞれ異なった宗派だといえますし、そのほか天台系・真言系・禅・浄土宗・西山浄土宗・真宗（浄土真宗）・日蓮宗を含む法華系・時宗・融通念仏宗などがあります。これらの宗派とその仏教寺院が伝えてきた厖大《ぼうだい》な量の声明のうち、代表的な曲を選んで一九八四年に、五人の編集者の一員として京都の仏教書専門書店から二十八枚のレコードと七冊の解説本に纏めて出版しました。

その際、そのレコードの鑑賞の手引きのつもりで『声明辞典』を付録として添えましたが、これが出た直後から更に充実した総合的な辞典の刊行を希望する声が多く寄せられました。私は先の

『声明辞典』の編集にあたった関係もあり、天台宗声明家で叡山学院教授・妙法院執事長の天納傳中師と、浄土真宗本願寺派声明審議委員で大阪十三の真教寺住職播磨照浩師と共同でこの仕事に取りかかり（筆者追記＝お二人ともすでに故人となられました）、十年後、やっと刊行しました。

これには声明だけではなくて、明治に入ってから作曲されました仏教をテーマにしました音楽作品の厖大な調査と楽譜の収集をされました西本願寺対外交流委員で高岡市善興寺住職の飛鳥寛栗師の参加を得まして、独唱・合唱の仏教讃歌やオペラ、それに交響曲などの楽譜とそれらの曲の作詩や作曲者の紹介事項を加えることができ、辞典の名も『仏教音楽辞典』となりました。

この『仏教音楽辞典』には、国外を含めて二十八曲の声明曲を一枚のＣＤレコード盤にまとめて添えました。このような辞典が刊行できましたことは多くの方々のご理解とご協力があってのことと感謝しております。

「かたち」と「こころ」

私たちが品物を選ぶとき、最初に目に入ってくるのはその姿、形でしょう。色合や香りもそのなかに含まれています。ひところ、過剰包装が論議を呼び、簡素化が叫ばれましたが、今では元《もと》の木《もく》阿弥《あみ》の感があります。しかし包装と中身とが余りにもかけ離れていれば人々はそのからくりを見抜いて、手にしなくなりますが、中身に相応《そうおう》した、さらには中身の良さをより引き立てた包装には心温まる思いのするものです。これは手にとることのできる「物」の場合ですが、「心」の場合はいかがでしょうか。

信仰は心の問題とよくいわれます。そして心は形には表わすことができないといわれます。しかしお釈迦様が悟りの内容を誰にも告げないでおられたのを、梵天たちに強く勧められて、やっと弟子たちにお話しになったことはよく知られています。もしもその時、お話しにならなかったならばお釈迦様の説かれた教えは、後世に伝わらなかったかもしれません。ことばは姿、形には見えませんが、やはり振動する空気という物体に他なりません。手や目や舌ではなく、耳で感受することはご存知のとおりです。

お釈迦様の教えを聞いた弟子たちは、その確信に満ちた清らかで澄み切った声と、御身とその周辺に立ちこめる得もいわれない荘重な空気に恐らく圧倒されたことでしょう。そしてその教えの真実であることを固く信じ、その教えに出会い帰依することの喜びに身も心も打ち震えたことでしょう。このように心は声という形をとって初めて姿を表わすことができたのです。私は、仏教儀式はこの時に始まるという考えをもっています。

もちろんこの他にも文字や身体の動きによっても表わすことができますが、これら全てはやはり姿であり形ではないでしょうか。ことばは意志を通わせる手段ですから、そこには一定の約束事がありますす。文字や身体の動きで表わすときにも約束事があるのは当然です。これを無視しては心は伝わらないでしょう。

古くて新しい問題に「教学か儀式か」というのがあります。宗派を問わずこの問題が大きな論議の的となっているようで、声明研究の片隅にいる私ごとき者にもしばしばこのことに関して何か発言してほしいとの依頼がくるほどです。つまり宗祖の教えをより深く学び研究することこそが宗門に生きる者にとって第一義的に重要で、儀式やそれにともなう声明作法は二義的意味をもつにすぎない、という考えと、否そうではない、形あっての中身であるという考えの相克です。

私はまことに僭越至極ですが、この論議自体に何か入っていけないものを感じています。なぜなら、この二つは一体のもので、切り離すことができないと考えるからです。経典に「声作仏事」ということばがありますが、この「仏事」は単に「法事」や「儀式・勤行」のことだけを指しているとは考えません。仏教の教え、宗祖の教えは声によって説かれ、姿を表わすことを言っていると考えます。

キリスト教の大部分の宗派が、その神学の深化と並んで、儀式の統一と整備、音楽的水準の絶えざる高揚に宗派の存亡を賭けてきた歴史は、多くの示唆を与えてくれると思います。もしも儀式や声明を軽んじることがあるならば、その教えを必要とする人々の輪をさらに広げることは非常に困難となるのではないでしょうか。

まさか声明を歌舞音曲と同列に置いているわけではないでしょうが、わが国の文化史のなかでいつしか育まれてきた、歌舞音曲を他の文化現象より一段と低く見る社会意識でもって、声明や儀式作法が位置づけられているとしたならば、それは仏教にとって大きな損失と見なければなりません。このことは、品物の外形と中身の問題とは次元を異にする問題でありましょうが、人は姿、形でしか心を表現できないこともまた、確かなことです。

かなりな見識をもっておられると思われる方々のなかにも、「単に数珠《じゅず》を手にして仏前で手を合わせ礼拝し、意味をよく理解しないで口づたえの声明を唱えることは、信仰の問題を横に置いて、形式だけに気を取られている愚かなことである」と指摘する人がいらっしゃいます。内容をよく理解しないというのは確かに困りますが、そのような考えの方はほとんど例外なく、日常のおつとめ以外には儀式とその声明作法に関心をもっておられない方です。高遠な教えがそれを求める人々と触れる場は法要儀式という、姿、形をとる場ではないでしょうか。その場こそ僧侶の方々が真剣勝負をされる場だと思っています。もし、失礼があったならお許しください。

*

この「かたち」と「こころ」を読んだ大谷大学の一学生が、感想を次のように述べてくれました。これは私が担当しています「仏教音楽」を受講した学生が、レポートのなかに記したものです。

私自身、この授業を受けるまでは、仏教音楽というものを軽く見ていた。そもそも宗祖は本願のいわれを疑いなく信楽して南無阿弥陀仏と称えれば仏の願力によって救われると言っておられる。即ち読誦や観察や礼拝や讃嘆供養などの余行《よぎょう》によって衆生は浄土に往生するのではなく、如来より回施せられた本願の行である称名念仏によって救われるというのである。

何も声明作法が巧みであり、毎日正信偈《しょうしんげ》や和讃を称えなければ救われぬなどとは一言も言っていない。故に読経や声明などは余行でしかなく信仰の本質ではないのでどうでもよく、大切なのは教学《きょうがく》、更に言うならば信心とそこからくる信の一念であるというように考えていた。

故に声明の授業などは苦痛であった。声明が上手にできたってそれはせいぜい僧侶として門徒《もんと》さんたちの前で恥をかかないというぐらいのことであると考えていた。仏教音楽に関しても、上手に越したことはないが、できなくたって信仰者としての価値にかわりはしない。仏教音楽をやるくらいだったら真宗学や仏教学をやる方が有効な時間を過ごせるのに、と考えていた。故に仏教音楽とは傍流《ぼうりゅう》のものであり、面倒くさいものでしかないと思っていた。

しかし、仏教音楽の授業に於ける先生のお話を聞いて、私自身仏教音楽について考えさせられるようになった。確かに先生がおっしゃるようにキリスト教の大部分の宗派がその神学の深化と並んで音楽的水準の高揚に宗派の存亡を賭けてきた歴史などは我々に多くの示唆を与えてくれていると思う。「アベ・マリア」などを聞いていると聖母マリアの愛の深さとやさしさのようなものをその音楽から感じ取らずにはおられぬ。つまり信仰的な感情（心）が音楽（形）を通してこちらへと伝わってくるのである。

形の美しさにこだわることで信仰的「心」の部分が形としてごまかされてしまうとしたら問題であるが、少なくとも宗教音楽にはその教えを必要とする人々を引きつけるような力が秘められている。その意味に於いて、私自身も宗教音楽を軽んじるのではなく、それについてしっかりと考えてみる必要があると感じている。このように考えるようになったのも先生の授業を聞かせていただいたおかげである。

二 ヨーロッパの宗教音楽と生活

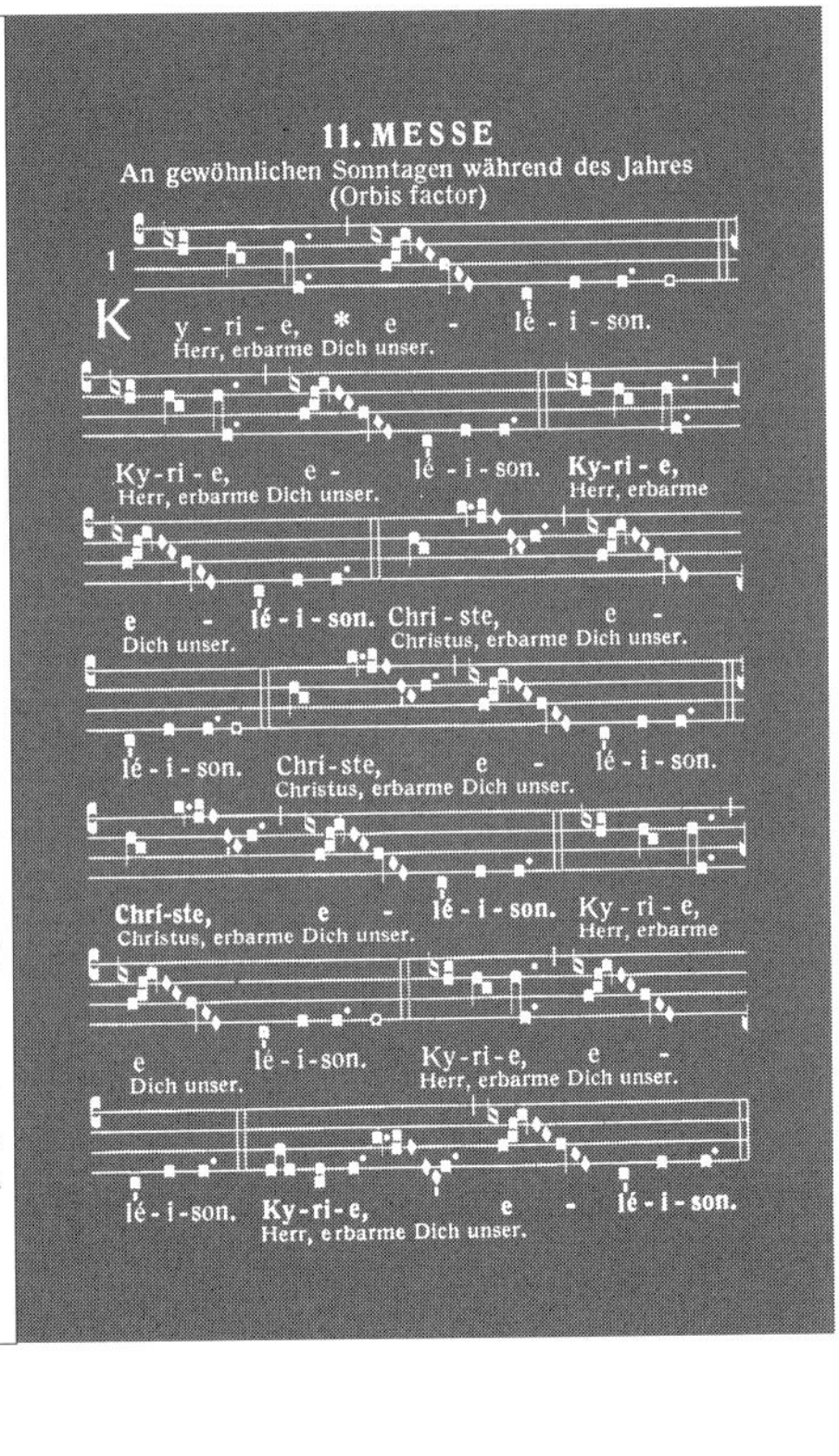

ロンドン・パリ・ローマのミサ――

儀式音楽は本来、人間に聴かせ、人間の感性に訴えることを目的にしていたのではないと思います。祈り、讃美・讃嘆《さんだん》、告白・懺悔《さんげ》のように神や仏に向かって自らの魂と心情を吐露《とろ》し、話しかけ、また、聖書や経典に書かれた神や仏のことばを聴聞することに目的がありました。だから、ふし（旋律）がなくてもよく、事実、イスラム教のように、儀式に音楽が入り込むことを禁止している例もあります。

しかし、キリスト教や仏教は早い時期から旋律を付けて唱えてきました。これは、それぞれの宗教が、母胎であるユダヤ教やバラモン教の伝統を受け継いだことと関係があります。このような旋律は、結果的にはそれが付けられた時代の音楽一般の環境や歴史的条件の産物であるかもしれませんが、他の音楽との違いははっきりしています。それは、儀式の目的や構成や、その曲の儀式中での位置や役割、さらには礼拝などの所作との関連、教会や寺院の建築物の構造と演奏位置などが、その音楽の成立に深く関連しているからです。言い換えれば、その曲がなぜそのような旋律や調《ちょう》やことばをもち、なぜそのような早さで歌われ、そのような曲の構造をしているのか、また、なぜそのような順番で歌われるのかという事柄は、儀式全体の総合的な把握によって初めて理解されるのです。

このような理解はしかし、式次第表や楽譜を睨んでいるだけでは到底尽くすことができません。私が一九八二年訪欧した目的の一つは、このような理解をキリスト教の場合について深めることと、その儀式の実際にできるだけ多くあたって、その場の空気を肌で感じ取ることにありました。そのようにして得た理解や体験は、必ずや翻《ひるがえ》って、仏教音楽の本質や意味を考える上で大きな力となってくれるに違いないと考えたからです。訪れた多くの教会のなかから二、三を選んで、その儀式の雰囲気をお伝えしましょう。

ロンドンのウェストミンスター寺院では、一年を通じて最大の儀式（ミサ）に巡り会い、招待状持参者以外は駄目という衛士を説き伏せて聴聞を許されました。参詣者《さんけいしゃ》の大部分は正装した貴族・叙勲者《じょくんしゃ》・市功労者とおぼしき人たちで、儀式全体の豪華絢爛《けんらん》さには目を見張るばかりでした。終わって退出のとき、寺院関係者の一人が「あなたは、これから始まるミサもお聴きになりたいのでは?」といって印刷物（テキスト）を私に手渡しにきてくれました。これによって日曜日の通例のミサがこの後に続くことを教えられたのです。先刻の大ミサでは私の席からは聖歌隊が見えなかったので、英国国教会では女性（尼僧）が加わっているのだとばかり思っていましたが、その声が実は成人した男性の裏声だったことがわかったのはこのミサのときでした。中世以来の、成人男性による女声部発声という古い習慣が、こんな所でこんな形で生きていることを知ったのは驚きでした。

パリのノートルダム大寺院では、同じ参詣者から「あなたは幸運だ」といわれたほどの、アンサンブルと大聖歌隊による大音楽ミサに巡り会いました。テキストと楽譜を手に録音していますと、隣の年配のご婦人が、それをのぞき込んで指さしながら、「今、ここをやっています」と、私のマイクに口を寄せて解説を始め、ついには調子はずれの硬い声で、司祭《しさい》の独唱部分まで唱えてくれたのには、有り難いやら迷惑やらで泣けてくるほどでした。

ローマのヴァチカン大聖堂での小ミサのときは、祭壇に現われた司祭を見て思わず「アッ」と声を出しました。それもそのはず、少し前に祭壇を掃除していた人で、私は衛士だとばかり思って「次のミサの時刻は？」と尋ねたところ、詳しく説明してくれた、まさにその人だったのです。カソリックの総本山のミサで、司祭が、先ほどと同じ平服のままであるのも驚きでした。彼は祭壇から私に軽くうなずいてくれました。

私が訪れた一九八二年は、どの教会の儀式でも、神職者と信者は得もいわれぬ一体感と親近感で結ばれ、信者間には心なごむ連帯感が溢れていました。

ソレームは遠かった

フランスのソレーム、ドイツのボイロンといえば、十八世紀から今世紀初頭にかけて、カソリックのグレゴリオ聖歌復興の論拠をめぐって、それぞれ激しく争った修道院のあることで有名です。そこを訪ねることは私の以前からの執念にも似た希いでした。その訳は二つあります。一つは、争いのもとであった唱法の相違が、今日も残っているかどうかを確かめたいということ、二つは、特にソレーム修道院に蔵されているという聖歌の古写本と、その整理カードを閲覧したいということでした。しかし道は遠かったのです。

ケルンを出発する前にソレームの位置を確かめ、勇んでブリュッセル経由でフランスに入りました。国境からほど近いアルニョア駅で降りてソレームへの交通機関の有無を尋ねましたがタクシー以外にはないとのこと。時速百五十キロで田舎の砂利道をぶっ飛ばす殺人的タクシーで、四十分ほど走ったところで降ろされました。そこは古びたレンガ造りの小さな教会が一つと、その周囲にわずかな民家が寄り添うようにあるだけの全くの寒村でした。

二階が宿屋、階下が居酒屋という店を探しあて、一服したのち、そこの女主人に「ソレームの修道院はどこですか」と尋ねたところ、「教会ならあるが修道院など聞いたこともない」という返事が返ってきました。さぁ大変。居酒屋に来ていた飲み客が集まってきて、「だれか修道院を知っているか」と大騒ぎになりました。そのうち若いアヴェック客の女性が近づいてきて、「フランスにはソレームという地名は二カ所あります。もう一つのソレームには修道院があると聞いています。そちらはここから約五百キロほど離れています」と教えてくれました。そういって地図の上で示してくれた場所は、パリーを越えて西へ、はるかに行かなければならない所でした。

女主人は「今からなら今日のうちに行けるかもしれない」とタクシーを呼ぶために大慌てで数カ所に電話をしてくれます。タクシーがなかなか来ないと、飲み客、宿屋の家族全員が道路に出て、今か今かと待ってくれます。女主人に電話料と宿のキャンセル料を渡そうとしても受け取らないので無理矢理にポケットにねじ込んでタクシーに。全員が手を振って別れを惜しんでくれました。フランス人について私が抱いていた「利己的で冷たい」という先入観は、ふっ飛んでしまいました。まことお恥かしい失敗談ではありますが、今でもこの光景が目に焼き付いていて昨日のことのようによみがえってきます。

その日のうちにというのはやはり無理でしたので翌日、パリーのモンパルナス駅から約一時間半でル・モンへ。そこで乗り換えて四十分ほどのところのジュニエ・スル・サルテという駅で降りると、今度はタクシーどころか人影もない全くの野原のど真ん中でした。炎天下を一時間ほど歩いたところ、忽然《こつぜん》と前方に修道院が出現しました。大袈裟《おおげさ》にいえば、夢にも見たソレームの修道院が、悠久の歴史をたたえてそこに立っていました。

ファーザー・ドン・ジュアン・クレーレという修道僧が私を案内してくださいました。資料室には七百冊のグレゴリオ聖歌の古写本が集められ、それぞれの曲についてその歴史的変遷を示す驚くべき量のカードが整備されていました。また同師は、日本から広島エリーザベト学院の水嶋教授が何度もここを訪ねられたと話されました。思い切って「ドイツのグレゴリオ聖歌の唱法についてどう思われますか」と尋ねたところ、師は「それが問題なのです」と肩をそびやかし、両方の掌をこちらへ開いてみせるのでした。もうそれだけでも充分でした。その訳は後述します。

八十人近い修道僧によるミサは淡々と進められ、圧倒的な迫力を期待していた私には少々期待はずれの感じでした。しかし、あとで録音を聴いたときに、そのすばらしさを発見しました。淡々と聞こえたのは、それまでに訪ねた教会や大聖堂のような残響がソレームでは少なかったせいかもしれません。むしろ、そういうところでこそ、演唱の本当の力が示されるということを知りました。修道院の宿坊は満員で、その日のうちにパリーへ戻らなければなりません。再訪を心に誓ってソレームをあとにしました。ソレーム違いのソレームの人々にも感謝しながら。

ボイロン修道院の生活

カソリックの典礼の形式や、そこで読んだり歌ったりする詞章や旋律は、今世紀初頭に出されたローマのヴァチカン版典礼本によって統一されています。しかし、記譜法の上で、ヴァチカン版はフランスのソレーム式を基調としているのに対し、ドイツでは今日でもなおこれとは異なった独自のものを用いています。

この両者の相違は、旋律を大きく変えてしまうものではなく、むしろ表記法の相違とでもいうべきものです。もっとも顕著《けんちょ》な相違点は、音符の縦線がフランス式では細く、ドイツ式では太く書かれること、また、複数の音符を連結して書く場合にフランス式では一カ所の接点で連結しますが、ドイツ式では重なるように書くといった具合です。

そして、このような楽譜から導き出される実際の歌の上にも、両国ではその表情に微妙な違いがあります。ドイツでは音から音への進行は、おおむね直行的で、従って全体に飾り気のない素朴な表情を備えているのに対し、フランスでは滑らかな進行と、一種の強弱法をともなった豊かな表情を備えているのです。実はこの相違をフランスとドイツは互いに快く思っていないのです。互いに相手の歌い方に「大変問題がある」と主張しています。

ドイツのボイロン修道院は、ドイツ式唱法の中心的存在です。南ドイツのフライブルクから東へ、鉄道で約二時間余りのところの山あいに、その名もボイロンという駅がありました。列車を降りる直前から一人のドイツ青年につきまとわれ、彼も修道院へ行くというので同行しました。事前の予告も紹介状もない訪問でしたが、快く迎え入れられ、そこで三日間過ごすことになりました。あとでわかったことですが、かの青年は誰彼の見境いなく話しかけて、最後はきまって口論となっていたようでした。修道院には、このように心を病む人をはじめ、宗教的な生活を送りたい人、人生に疲れた人、巡礼者、単なる観光気分の人など、さまざまな人々が訪ねてくるのです。

そして、そのほとんどの人々は宿坊に数日間泊まり、修道僧たちと同じサイクルで生活します。もっとも、食事とそれにともなう儀式・作法以外はずぼらを決めこむ人もいます。しかし、私は参加が許されているすべての行事を体験しました。ここでは宿泊と食事のすべてが無料なのですが、何がしかの御礼をしたいと申し出ましたところ、「ここを訪れる人は皆、そのように神様がお導きになられたのです。あなたは神様に招待されたのです。もし、感謝されるのでしたらミサでお祈りください」と告げられました。

ボイロンに限らず、修道院における修道僧の生活は、禅寺の僧堂と同じように、日々厳密に組み立てられた日程によって行なわれ、その規律は厳格を極めます。そして特筆すべきは、儀式中の全ての「音」について、きわめて深い注意を払っていることです。修道僧たちの一糸乱れぬ、見事な統一ある聖書の朗読や朗唱《ろうしょう》もその一つの表われであり、その統一性と均質性は発声法にまで及んでいます。彼らはそのために、たゆみない努力を続けています。このことは修道僧だけではなく、全ての教会や聖堂についてもいえることです。彼らにとっては、一つの儀式の成否は、そこで読まれ歌われる声、すなわち演奏にかかっており、それ故に各自が非常に重い責任を自覚しているのです。彼らのこのような儀式音楽に対する態度と、自らの教会音楽に対する誇りこそが、すばらしい演奏を支えているのです。

このような儀式音楽に対する態度は、ひとりキリスト教徒の特異性とみなしてしまっていいのでしょうか。わが国においてもかつて、名声明家の声明が、聴く者の心を深く捉え、信仰心を呼び起こす起縁《きえん》となった話は数多くあります。新しい仏教音楽の創造を云々する前に、今日伝えられている声明自体に新たな関心を喚起し、すぐれた演奏を目指して大いなる努力をすることこそ必要なことではないでしょうか。声が不揃いになって、混沌としている響きが、仏教音楽の真の姿であるなどという人がいますが、儀式音楽に対する姿勢のこのようなきわだった相違を、極めて強く印象づけられた訪欧でした。

マリーア・ラーハの一日

一九八二年六月下旬のある朝、七時四十分のことです。ケルン大学の教授が宿舎の同大学病院看護婦寮（滞在の初期に用意された宿舎）まで迎えに見え、アウトバーン（ドイツ全土にはりめぐらされた高速自動車道路）を平均時速百四十キロで、ボン市の西南方、ラーヘァ湖畔にあるマリーア・ラーハ修道院へ向かいました。まさに絵に描いたような風景のなかに修道院はたたずんでいました。

九時きっかりに始まったグレゴリオ聖歌によるミサは、ヨーロッパへ来て初めて巡り会えた本格的なミサでした。讃歌といい、「音」の全てに全神経と精力を傾け、儀式の成否を「音」に賭けている修道僧たちの姿とその歌の響きには、純粋に大きな感動を覚えずにはいられませんでした。

十二時には修道僧たちと同じテーブルに着いて昼食です。宿泊者を含む全員が定まった作法に従って食事をします。食事の間中、一段と高い所に設けられた説教台から、一人の僧による聖書の朗読が続きます。食事が終わると感謝と祈りのことばを全員が唱和します。

食後、教授に、ラーヘァ湖の水が湧き出ているところを案内しようと誘われましたのでついて行きましたが、とうとう周囲約九キロメートルの湖を徒歩で一周してしまいました。私はくたくたに疲れて、のどが干上ってしまいましたが、教授は一向に平気なのには全く驚きました。あとで知ったことですが、彼だけでなくドイツ人は一般に大変な健脚です。

この修道院の音楽責任者は、哲学・音楽博士でケルン大学教授であり、その上、ピアニストでもありました。「音」のすばらしさの背景にはこのような指導者の存在を忘れてはならないでしょう。夕五時四十五分からの詩篇唱《しへんしょう》によるお勤めを録音しようとしていると、同教授が「ステレオ録音したのがあるから複製してさしあげましょう」といわれるのでとり止めました。こちらからは、テープ「日中声明交流」（訪中団が、現地で唱えた天台声明と中国僧による声明を収録・編集したもの）を差し上げました。お勤めは大変すばらしいものでしたが、ただ、一人の老僧の声が硬く、しかも時々とび出していました。録音しなくてよいとの教授のことばの意味がわかった気がしました。

六時四十分の夕食の後、同宿者のウガンダ人を紹介され、彼がすでに数カ月も投宿していることを知りました。翌朝五時半からの朝のお勤めは一時間にわたりました。聴聞者は私をいれてわずか三人でしたが、今度はそのうちの一人の中年婦人が、硬い声で唱和するので、録音がふいになるのではと気ががりでなりませんでした。八時十五分の朝食に続き、九時からはビザンチン式のミサが行なわれるとのこと、待ちどおしいことでした。

ビザンチン式ミサは、約二時間にわたってくり展《ひろ》げられた絵巻物といってよく、その讃歌は、かつてのビザンチン教会の典礼が、いかに絢爛《けんらん》たるものであったかを充分にしのばせてくれるすばらしいものでした。今回の滞欧中には、ギリシャや東欧を訪ねる予定がありませんでしたので、このビザンチン式ミサを聴聞する唯一の機会となりました。このミサには昨夕会ったウガンダ人が、僧服を着て加わっていたのには驚きました。彼は祭壇横の自席からこちらを向いて、微笑を送っていました。

教授とは昨夕別れていますので、ケルン市まで一人で帰ることになりました。マリーア・ラーハからライン河畔の鉄道駅アンダー・ナハまでのバス道路の両側には、波のように大きくうねる地形が続く、絵のようなドイツの農村風景が拓《ひら》けていました。

ライン河にひびく少年聖歌

西ドイツ・ライン河畔に拓けた町ヴィースバーデンの近郊に、キードリヒという寒村があります。

ヴィースバーデンからこの村へは郵便馬車ならぬ郵便バスへの便乗以外に交通手段がないといいますから、そのひなびた様子がご想像いただけるでしょう。

ところが、その村の教会に附属する少年合唱隊が、ローマ法皇庁から特別の助成を得ていると聞いて訪ねることにしました。一九八二年八月二十二日のことです。当日は日曜日でしたので郵便バスもなく、タクシーのお世話になりました。着くとすぐに祭壇横の部屋に通され、老神父に会うことができました。訪ねた目的を告げると、教会上部のオルガン演奏室のある回廊で録音をしてもよいとの許しが出ました。

ミサは始めから終わりまで、まるで大音楽会のようでした。グレゴリオ聖歌あり、合唱あり、オルガン演奏ありという具合です。とくに少年合唱隊の歌声は、聴く者に現実の時間と自らの存在を忘れさせるような力をもっていて、キリスト教徒ならずとも、天上から聞こえる響きとはこのようであろうと思わせる世界を創っていました。

このミサの聴聞は、私の今回の滞欧中、最も記念すべきものとなりました。同合唱指揮者の話によれば、メンバーは全員同村の少年たちであること、少年たちは毎日、学校の放課後この教会に来て数時間の練習をしたのち帰宅すること、成人のなかにも地元での仕事を終えて毎日のように練習している人がいることなどがわかりました。そう言えばミサには少年だけでなく成人による部分や混成（声）の部分もありました。そのほとんどが聖職者（僧侶）以外のいわば村民によって歌われています。

この指揮者は私にグレゴリオ聖歌集（ミサ用オルディナリウム）をくださいました。その際、そこに記されている聖歌用音符がローマ・ヴァチカン版と異なっていることをこちらから指摘しますと、これは古くからドイツで用いられている形であること、また符だけではなく唱え方でもフランスのソレーム式はロマンティックな表現をするのに対し、ドイツ式は素朴で飾らないという相違があること、そして最近ではフランス風に唱えるところがあって、まことに残念に思っていることなどを話されました。

これらの話の内容は、仏教音楽の声明を考える上でも大変参考になると思います。全く同じ譜を見ていても地方や人によって表現の仕方が異なるということは、所詮、「音」を素材として行なわれる伝承では避けられないことだということでしょう。しかし、だからと言って、一座のお勤めの声明を各人が好き勝手に唱えてよいということにはなりません。それどころかキリスト教徒たちが、声と響きの統一のためにいかに大きな精力と時間を注ぎ込んでいるかということを知るべきでしょう。それでこそ彼らは異教徒の心までも動かすような「音」の世界を創り出すことに成功しているのです。

翌日はキードリヒからさらに北（下流）のヨーハニスベルク城に出かけました。ここの城主は、この地方一帯のブドウ畑を所有し、城のなかにはワイン工場・貯蔵庫・売場・飲み場を設けており、この城はワインの名所になっているのです。特上のワインを注文してここを案内してくれた二人とともにアッと言う間に飲んでしまいました。ここへ来て、私がこれまでワインを余り好まなかったのは、安物ばかり飲んでいたせいであったことがわかりました。「輸入時八百円ものが店頭では一万円になる」という知識に従えば、そのとき飲んだワインは日本では四万円を超えるしろものでした。

小高い山上の城からライン河を見おろしての実に快適なひと時は忘れることができません。そしてそのラインの流れが運んできたかのように、昨日の少年たちの歌声が私の耳のなかによみがえるのでした。

出会いさまざま

ミュンヘン駅の酒場にて

一九八二年七月七日ミュンヘンを発つ日のこと、駅構内の立ち飲み酒場で、辛子をたっぷりつけたウィンナ・ソーセージを食べながらビールを飲んでいますと、先ほどからくっつきそうに側に寄ってきていた初老の男が、ジョッキの底に少しばかり残っている私のビールと、まだ食べているソーセージをくれないかと言い出しました。昨夜、宿のテレヴィジョンで、ドイツの失業者の増大が、大社会問題になっていると報じていたことを思い出しました。もちろん提供しました。

ドイツ博物館の木魚

ミュンヘンのドイツ博物館は、日本でいえば青少年科学センターを大きくしたようなところですが、その一角に楽器の陳列場があります。ふと見ますと日本の楽器として木魚が、垂直に立てたパネルに、鈎具でさかさに吊るされていました。傍にいた館員に「この楽器は吊るさないで、台の上に置くべきものです」と告げますと、「へェーッ、日本では吊るさないのですか？　教えてくださってありがとう」。

ドイツ青年の日本

ミュンヘンからベルリンに向かう列車の同じ客室に乗り合わせたドイツ人青年は、専門学校の学生で、休暇を利用して東ベルリンを見てからメキシコへ行くと言います。人の良さそうな、おだやかな青年でした。そんな彼が京都という地名を知らず、「日本にもパンがあるか」「バナナはあるか」と聞くのには、いささか幻滅を感じました。しかし「ヒロシマ・ナガサキ・クヴェックズィルバー」という語を知っていました。三つめの語は「水銀」すなわち「水俣病」のことだとわかりました。この青年はこの他には中国・朝鮮・日本の文化の相違はむろんのこと、三カ国の地理上の位置も全く答えられませんでした。

ケルンの日本文化会館の館員が私に語った「日本人がドイツに対して抱《いだ》いている関心に比べて、ドイツ人が日本についてもっている知識や関心は微々たるものだ」とのことばや、ライン河の船上で知り合ったイスラエル系ドイツ人の「……そのことは日本人に責任がある」とのことばが思い出されました。

ベルリンと韓国

西ベルリン中央駅で、当地在住らしい通りがかりのアジア人に案内所の場所を尋ねました。すると「アナタニッポンジン？　カンコクジン？」という日本語が返ってきました。そして一緒に案内所まで来てくれました。彼は韓国のベルリン領事館員とのこと。私が「今年五月に韓国の南部に行きました」と言ったところ、彼は姿勢を正して「そうです。いま韓国は南部を支配しています」「いや、その韓国の南部の釜山や慶州のことです」と一瞬、会話がすれ違いました。その日のうちに見た「ベルリンの壁」とともに、厳しい世界の現実がそこにありました。

車中の人々

オスロからコペンハーゲンへ向かう列車で、私の座っている客室に一人のうさんくさい日本人が入ってきて「スペインはいいところだ」とひとくさりぶって出ていきました。そのあと特上のボールペンがなくなっていました。次に入ってきたのは母がドイツ人というアメリカテキサスから来た青年です。英語にドイツ語を混ぜて旅行の目的や行程を三時間ほどしゃべりまくって降りて行きました。替わって入って来たのがスウェーデンの高校生とおぼしき三人の男の子たちです。一人はイヤリングにネックレス。もう一人は上半身はだか。最後の一人はまあ普通というでたちです。人なつっこく話しかけてくるので、こちらからはスウェーデン語の発音について尋ねますと、イヤリング青年が一番熱心に教えてくれました。そしてお礼にあげた切手シートに日本文字とローマ字で名前を書いてほしいとせがみます。高校に進学したかったが落とされたので働いていると言い、休暇旅行に出るところだと話す彼らは、愛すべき青年たちでした。検札で二等切符を出した彼らは客室から追い出されましたが、数時間後、そのうちの一人が「さようなら」を言いに来ました。私は西ヨーロッパ全域通用のユーレイル切符による一等客でした。

ジュネーヴ体験

イタリアからアルプスを鉄道で潜《くぐ》る、すごく長いトンネルを出ますと、ブリークというスイス側最初の駅があります。一九八二年八月十九日のこと、このトンネルに入る直前から、パスポートと荷物の検査が厳重に、しかも執拗《しつよう》に繰り返されました。ドイツからスイスに入るときは至極簡単であったのにと、訝《いぶか》しく思っていますと、ブリーク駅で一人の女性と、一人の男性が強制下車させられ、警官に挟まれるようにして連行されて行きました。このうちの男性はつい先ほど、私に「ベルギーの友人のところへ行くんだ」と語っていた青年でしたので、私には大変なショックでした。その日のジュネーヴの宿のテレヴィジョンによれば、ローマの刑務所から囚人《しゅうじん》が多数脱走したので警官と軍隊が出動して追っているとのことでした。そういえば、ジュネーヴでも自動小銃を腰に水平に構えて、引き金に指をかけた警官（兵士？）が駅をパトロールしていました。もっとも、先の二人との関連は私にはわかるすべがありませんでした。

そんなジュネーヴで私はとんでもない目に遭いました。中央駅にほど近い郵便局は大理石造りで、天井はまるで大聖堂のように高く、それでいて内部はとても明るく広々としていました。私は前日ミラノで入手したミサの教本や録音済みテープなどを日本へ送るためにここへ来ました。

入口近くの机の上に二つの大きな鞄《かばん》を置いて宛名を書いていますと、一人の男がボールペンと紙片をもって「電報用紙を知らないか」と近づいてきました。そして盛んにその紙片の文字に私の注意を惹《ひ》こうとします。一度姿を消したのち再び現われて同じことを繰り返します。次の瞬間、別の男が私の鞄の中から書類入れを抜き取るのが視角に入りました。私は咄嗟《とっさ》に満身《まんしん》の力を込めて日本語で「コラ、ナニヲスルカァ！」と怒《ど》鳴《な》りました。その声は郵便局に響き渡ったばかりか、広い道路をへだてた向かい側まで届く大音声《だいおんじょう》でした。紙を手にした男が、まっ青になって飛び退《の》くのと、書類入れをもった男の足がもつれるのとが同時でした。

ガチガチとふるえる男の手から、書類入れがすべり落ちました。しかしうっかりその男を追うと、近くの男が鞄ごと盗って別の出口から逃げるに違いありません。そこで近くの男も半ば逃げ腰になっているのを確かめてから、書類入れを拾うために二、三歩歩きました。その間に二人の男は、転がるようにして逃げていきました。局員や他の客や表通りの通行人たちが何ごとかと集まってきたときには、全てが終わっていました。始めから終わりまで二十秒ほどの出来事でした。

旅行者が物盗《ものと》りの餌食《えじき》になるのは、昔からよくあることですが、現実に自分が狙われたとあっては、やはりショックでした。しかしよくぞ声楽を身につけておいたものだと思いました。彼らから見れば、まるで子供のように貧弱な身体をした、物腰の柔らかそうな人間が、突如轟然《ごうぜん》たる大音声を浴びせたのですから、私よりも彼らの驚きのほうが大きかったに違いありません。

長期に滞欧している日本人からのちに聞かされたことですが、このような物盗りといえども、ドイツ人を狙うことは、まずないとのことです。その理由は、第一にドイツ人には付け入る隙《すき》がないとのこと。二つにはもしも被害に会えばドイツ人は徹底的に追及して、その手を決して緩めないからとのことです。その点、日本人ほど隙だらけで、甘い民族は珍しいのではないかなどと考えさせられました。いや、私だけかもしれませんが……。とにかく、この出来事が私の緩んだ心を引き締めてくれました。

このような体験を通して、ヨーロッパの厳しい社会的風土と、自律心を育んだ精神的風土を垣間見た思いがしました。

フィレンツェとヴェネツィア

フィレンツェの町は鉄道駅の正面を出たとたんに大教会が迫るようにそびえています。さらに十分も歩くとそれを上回る大聖堂（ドゥオーモ）があたりを圧しています。途中にも幾つもの教会が目に入りました。そのいずれもが、さすがイタリアとため息が出るようなすばらしい建築ばかりです。私の教会巡りも忙しくなりそうです。

サンクト・クローチェ・バジリカで夕六時半からのミサが始まりました。ミサの途中で貫禄のあるおばさんがガタガタと隣席に座りに来ました。はじめはイタリア語で「あんたはカトリック信者か」と聞きます。「仏教徒です」と英語で答えると、「ああそう。ドイツ語は？」と聞くので「ええ」と答えるや、「これが今、主祭が読んでるミサの本です」とドイツ語で話しながら、一冊のイタリア語で書かれた本を私に渡してくれました。ミサが終わったあと、書名と発行所を控えて丁重に返しました。この本は全五冊からなるミサの本の一冊で、このことがのちにミラノで全冊を入手する手がかりとなりました。

このバジリカの入口の案内板に、明夕（一九八二年八月十五日）九時半からオルガンコンチェルトがあるとありました。奏者は大聖堂専属オルガニストで、演奏曲にはヴィヴァルディ、パスキーニ、バッハ、ボエルマン、ドゥボワ、リーガらの作品が並んでいます。それにこのバジリカは祭壇正面に高々とオルガンを据え、華麗《かれい》な装飾で縁《ふち》どっている点、これまでに訪れた教会のなかでも珍しいものでした。

ミサが終わったあとも例のおばさんは「今どこにいるの」「何をしに」「アメリカ・カリフォルニア大学合唱団の教会のミサ曲は聞いたことがあるか」と果てしがありません。最後に「明日朝八時半にドゥオーモ（大聖堂）へ行けば、グレゴリオ聖歌の混じったミサがあるよ」と教えてくれました。翌朝、ドゥオーモの本ミサが始まったのは十時半からでした。主祭と六人の副祭による絢爛《けんらん》たる絵巻物が展開されました。

夕九時半からはクローチェ・バジリカへ行きました。もうすでにほとんど満席でしたが、中央前方に録音には打って付けの席が空いていました。十一時半まで続いた演奏は、オルガンという楽器と音楽の無限の可能性をたっぷりと味わせてくれるものでした。このコンチェルトのためにフィレンツェを発つ予定を一日延ばした甲斐《かい》がありました。

＊

両側に海を見ながら鉄道でヴェネツィアへ。駅を出るともう道（ここでは川のこと）がせまっていました。駅近くのホテルに荷物を置くと、さっそくバス（船）でサン・マルコ大聖堂へと向かいました。この聖堂建築の物凄さはこの場で見た者でなければわからないといってよいでしょう。ことばでは表現しようがありません。

朝九時四十五分からのミサが始まりました。ミサの途中で警備員がやってきて「録音はダメ」と告げます。目的を説明しましたが全く通じない様子。そのうち上役らしい人がやってきたので話すと「どうぞ、どうぞ」となりました。メモをしていますと前に座っていたおばさんが「ミサ中にものを書くのではない」とにらみつけます。すると先ほどの上役がやってきて「どうぞ」。何とも落ち着きませんでしたが、言うまでもなく私が不逞なことをしていることに違いはありません。しかし、夢にも見たこの大聖堂の、平日では一番重いミサを聴聞《ちょうもん》し収録できたことは何といってもも幸せなことでした。

その日の夜半に、どこからともなくイタリア歌曲が聞こえてきます。ホテルの窓を開けますと、すぐ下には川が流れ、かの名高い「ヴェニスのゴンドラ」一艘《そう》が一組の男女と一人のアコーディオン奏者と一人の歌い手を乗せて近づいてくるところでした。甘く、それでいて驚くほどの声量をもった歌声は、月あかりにきらめく水面をどこまでも伝わって行くように思われました。この、言うなれば流し稼業《かぎょう》の歌い手の歌に聴きほれているうちに、かつて私の恩師の声楽家が、青年時代にイタリア人がことごとく大声楽家に思えたと語られたことを思い出していました。

リューベックの印象

バルト海に面した東ドイツとの境界に近い町リューベックは、濃い霧に包まれていました。幻想的で美しいこの町は、一七〇五年、二十歳のヨーハン・ゼバスツィアーン・バッハが当時並ぶものなきオルガン奏者ブクステフーデの演奏を聴くために、中部ドイツのアルンシュタットから三百七十キロを旅してやってきたことで、ヨーロッパ音楽史に輝かしいページを刻んでいます。

ブクステフーデが弾き、バッハが学んだオルガンとその聖マリア教会は、第二次大戦中の一九四二年にイギリス空軍の爆撃で、町もろとも完全に破壊されました。復興されたその教会を私が訪れたのは一九八二年九月十六日のことです。礼拝堂に入ると、買物姿の一人の老婦人が傍に寄ってきて、教会内部に展示されている破壊された教会を写した生々しいパネルの一枚一枚について、熱心に説明し始めるのでした。

その婦人によれば、破壊は徹底したものだったといいます。しかし町の人々はその直後から教会の完全な復興のために、瓦礫《がれき》の一つ一つを拾い集めてまた積み上げていきました。そしてこの婦人は、自分たちの手でこの教会を再建したことを誇り、自分たちの町や教会に寄せる燃えるような愛情と強い信仰の証を見てほしいと、この見ず知らず、通りすがりの東洋人に、頰《ほほ》を紅潮させて語り続けるのでした。この聖マリア教会の牧師の教えで、ドイツ語圏の全福音《ふくいん》教会で用いている歌集を町の書店で入手することができました。

次に訪れたのは、この町の大聖堂です。さきの聖マリア教会で見かけなかったオルガンは、教会とともに焼け落ち、いま復元のための募金の最中との話をこの大聖堂職員から聞き、寄付を喜んでしました。ところで、この大聖堂に隣接して女学校が設けられていますが、その玄関前に自動タバコ販売機があり、玄関から出てきた中学生ぐらいの女の子が、コインを入れて買っていたのには全く驚かされました。そういえばオランダのロッテルダムの路上でも、小学四、五年の女の子が、タバコを手に自転車で遊んでいるのを見かけました。

リューベックは町全体の道路に煉瓦《れんが》が埋め込まれています。霧の上に教会の尖塔《せんとう》が浮かぶまるで絵のような美しさは、訪れた者の目にいつまでも消えることがないでしょう。

絵のようだといえば、リューベックの南一帯にひろがる、あたかも大きな波のうねりに似た地形（ボーデン・ヴェレ）に展開される景色を忘れることができません。そこはあるいは森で、あるいは牧草で覆われ、牛たちが思い思いに草を食んでいます。この美しい光景を飽かず眺めているうちに、ふとある思いが込み上げてきました。

この牛たちは、自分をとりまいている森の向こうに何があるのかということには全く関心はなく、ただうつむいて下の草を食むのみです。ボーデン・ヴェレの一山か、その谷間の一つ、ときにはその片斜面だけの世界で、せいぜいどのあたりに柔らかくておいしい草が生えているかということだけに誘われて、わずかな空間を、それも自分の食欲に合わせてゆっくりと動くだけで短い一生を終えるにすぎません。おそらく「屠《と》場」へ連れて行かれるトラックの荷台の囲いの板のすき間から、初めて森の向こうに何があったかをのぞき見ることでしょう。そのとき初めて、自分が食べてきた草よりも、もっとおいしそうな草の生えるところがあったことを知るかもしれませんし、自分たちを囲っていた森が、実は数メートルの帯状の囲いにすぎなかったことに気づくかもしれません。しかしそのときは、自分のすべてが終わろうとしているのです。

人間にも同じようなことが言えるかもしれません。そして、宇宙のどこかに人間よりもはるかにすぐれた連中がいて、私たちが牛たちを見るように眺めているかもしれません。牛は平和に暮らしていますが、宇宙の塵ほどの地球上で、憎しみ合い、妬《ねた》み合い、殺し合っている人間は、彼らからは牛にも劣る生きものに映っていることでしょう。

しかし、人間は牛でもなければ、ましてや牛以下でもありません。自らの意志をもち、絶えず森の向こうを目指し、自らの道を切り拓いていく力をもっていると信じます。廃墟のリューベックをみごとに立ち直らせたと語りかけた婦人の眼差しが、なぜか私を勇気づけてくれました。

ドイツ人の気質

外国人の生活や気質に触れることによって意外なことを発見したり、自覚させられたりすることがあります。私の滞欧中の体験からいくつかのエピソードを紹介しましょう。

一　ドイツの都市を走る市電の主な停留所（安全地帯）には、乗車券の自動販売機があります。コインを入れようとしていますと一人の婦人が近づいてきて、「すじ向かいの薬局には、割引き券がありますよ」と教えてくれました。日本円にして三円ほど安くなる券を買いに行っている間に、市電は行ってしまいました。人の親切をうらみっこなし。

二　市電の車内にも乗車券自動販売機があります。あるとき、それを利用しようとしていますと、近くにいた婦人の一人が、「その販売機で買うと高くつくから、よした方がいいですよ」と言いながら、自分のもっていた割引き券を私に差し出しました。代金を渡そうとしますと、「どうぞ使ってください」とのこと。このドイツ婦人は、手持ちの乗車券が少なくなることよりも、他人がむだなお金を使うのを、がまんできなかったに違いありません。身の引き締まる思いがしました。

三　ケルン大学のある教授夫人が一日、市内を案内してくださったときに、最初に教えられたのも、市電の割引き乗車券を売っている店でした。その経済観念といいますか、生活態度の堅実さには、ただただ頭のさがる思いでした。まだ頭のさがる話は続きます。

四　ドイツ人が観光地へ行っても、日本人のようにやたらと写真を撮りまくらない訳を、その教授夫人から聞かされました。それは「景色や建物などは、専門家の撮った絵葉書を買えば済むことだし、第一、フィルムやその現像・焼付が、とても高くつくじゃないですか」とのことでした。首から下げていた写真機が、急に重く感じられました。

五　長期に亘って宿を提供してくださったケルンの、かなりゆとりある生活を送っている夫妻が、数日間の旅行に出る際、留守をあずかる私に繰り返し念を押したことは、買いだめてある飲料用水の飲み方のことでした。ドイツでは水質が悪いために、なま水は飲めませんので買わなければなりません。日本円にすると一本三十円と五十円の二種類の瓶がそれぞれ数本ずつありましたが、必ず三十円の方から飲むようにとのことでありました。夫妻にとってこのことが、留守宅をまかせる私に申し送る重要な事項だったのです。

六　この夫妻の留守中に、私は一つの鍋《なべ》をこげつかせるという失敗をしました。いくら洗っても黒ずんだままですので、困った私は近所の店で同じ型の鍋を買って、夫妻が帰宅したときに謝りながら差し出しました。夫人がとがめたのは、私が鍋をこがしたことではなく、新しい鍋を買ったことでした。恐らく私が、黒ずんだ鍋を捨てて新しいものに代えようとしたと受けとられたのでしょう。そういえば、この鍋は祖母の代からのもので、夫人の自慢でもあっただけに、黒ずんだとはいえ、金属そのものはびくともしていない頑丈なものでした。すぐに新品を用意した私が、大いに恥じ入ったことは言うまでもありません。

七　ドイツ人の生活にも、おやおやと思う部分があります。ドイツでは自動車は市街地でも時速八十キロ以上、高速道路では百五十から百八十キロという猛スピードで走ります。ケルン大学教授の車に乗ったとき、「なぜ、こんなにスピードを出すのですか」と聞きますと、返ってきた答えは、「自動車は早く目的地に到着するために造られた乗り物だから、急がなければ価値がない」とのことでした。これが冗談に聞こえないだけに恐しさが背筋を走りました。その教授が乗車の際に私に向かって「フィアツィヒ・マルク（四千円＝当時）、フィアツィヒ・マルク」と執拗にくり返されました。それはシートベルトの不着用が発覚したときの罰則金の額だったのです。私に着用を促しておられたのです。倹約を旨とするドイツ人にとって、こんな罰則金は耐えられないことでしょうし、それ以上にあの猛スピードでは、まこと、シートベルトは命綱そのものでもあります。

ドイツ人の崇高なまでの倹約精神は、私に自らを反省させずにはおきませんでした。

ドーヴァー海峡のカモメ

一九八二年九月の中旬、私はドーヴァー海峡の船上にいました。ベルギーのオステンデ港から出航したこの船の周りには、たくさんのカモメが群れ飛んでいました。あるものは甲板に立つ私の頭上すれすれのところを悠々と、またあるものは、やや離れたところを、こちらを眺めながら、あたかも船に伴走しているかのように飛び、乗客たちの目をこよなく楽しませてくれるのでした。しかしそれも、沖へ進むにつれて、次第に姿を消していきました。しばらくは見渡す限りの海原が続きましたが、やがて再びカモメが一羽二羽と現われ始めました。彼らは、イギリスのドーヴァー港からの出迎えだったのです。

ドーヴァー港から汽車でロンドンへ入った私が、ウェストミンスター大寺院でのミサに参列したことは先に書きましたが、もう一つのロンドンを報告させていただきたいと思います。

バッキンガム宮殿前での有名な衛兵交替儀式を見るために、朝九時半ごろにホテルを出ました。途中、みすぼらしい風体の老人が近づいてきて話しかけてきました。旅行者を見つけては案内し、案内料をもらっている人だということは直感でわかりました。しかし、この七十二歳という老人の案内ぶりは実に見事でした。儀式の全容がわかるように、その案内は徹底していました。もし、この老人と巡り会わなかったなら、大部分の旅行者がそうであるように、どこか一カ所で、人形のような衛兵を数カットのフィルムに収めるだけで終わっていたことでしょう。彼は行事の主要なポイントを実によく心得ていて、すばやく場所を移動しながら、おそらく、この人しか知らないカメラアングルを教えてくれました。お蔭で、再びこの地を訪れたときには、私が他人を案内できるのではないかと思ったほどでした。

案内の途中、テームズ河のロンドン橋を渡りながら彼は、なぜ片足が不自由になったか、その訳を語るのでした。第二次大戦中、落下傘《パラシュート》部隊に所属し、ドイツ軍の後方に降下して戦った際に被弾したとのことでした。そして今は、ロンドン市内の安アパートでの一人暮らしといいます。その彼が、今も最も尊敬する人物は戦時中の英国首相ウィンストン・チャーチルだといい、そのチャーチルの銅像の前で誇らしげにフィルムに収まりました。

このあと、彼が日本語を知っているというので、話してくださいと促すと、街を走っている自動車やオートバイを指さしながら「ホンダ・マツダ・スズキ・ヤマハ……」というのには思わず苦笑してしまいました。まさに彼は、第二次大戦前後のイギリスの栄光と、今日の変容を一身に体験した生き証人といえるでしょう。案内料を受け取って去って行く彼の、得もいわれぬ淋しい後ろ姿が、今も目に焼き付いています。

ドーヴァー港から大勢のカモメたちに見送られて、再び船上の人となった私の脳裏から、いつまでもあの老人のことが離れませんでした。船がベルギーに近づくころ、再びオステンデのカモメたちの出迎えを受けました。大戦末期の連合軍の兵士たちも、この少し南のノルマンディーの沖で、彼らの出迎えを受けたのでしょうか。それにしても、ヨーロッパ諸国を自由に国境を越えて、安全に往来できることのすばらしさをしみじみと感じないではいられませんでした。

オステンデ港に降り立って、渡って来た海の彼方を思いを込めて見つめていますと、いつの間にか周りには数十羽のカモメが私に衝突するばかりに近づいて飛んでいます。傍にいる老夫婦が盛んに空に向かって投げ上げているパンくずを見事な羽根さばきで、空中で受け取っているのです。そして私にも催促するかのように私の目の前で停止して羽ばたいているものもいます。

このドーヴァー海峡の人とカモメのなごやかな光景が、ひときわすばらしく感じられるのは、ヨーロッパという、狭い地域に多くの民族と国家がひしめき合い、言語や慣習を異にして絶えず緊張関係にあることを、肌で感じることができたからでしょう。そして、自然や鳥たちが、それを超えたところで私たち人間とつき合ってくれていることに気づいたとき、彼らへのいとおしさがさらに増すからではないでしょうか。

あとがき

本書は、平成九年に大阪十三・真教寺（浄土真宗本願寺派）の当時の住職、播磨照浩師が、本堂改築落慶を記念して、約二十年間にわたって小生が「寺便り」に寄稿してきた小稿のなかから選んで、小冊子にまとめてくださったのが始まりです。したがって、全体は随筆集とでもいうべきものです。

しかし平成十一年に突如として同住職が遷化され、第二版として改訂したものを霊前にお供えするという、つらい出来事がありました。平成十三年には三版として内容を少し改訂いたしました。その間、大谷大学「仏教音楽」「東西の音楽」の受講生をはじめ、多くの方々に読んでいただくことができました。初版から三版までの表題は「清徹《しょうてつ》のひびき」でした。

今般は法藏館社長、西村七兵衛氏のお勧めとお力添えにより、かなり大きく改訂した上で、新しく稿を加えて表題を「声明は音楽のふるさと」とし、出版させていただくことになりました。初めから数えて第四版ということになります。

小生の声明研究につきましては、この他にいずれも法藏館から出版されました『声明の研究』『声明・儀礼資料年表』『仏教音楽辞典』などを参考にしていただければと存じます。

ここにあらためて、故・播磨照浩師ならびに法藏館西村七兵衛氏ならびに編集部の岩田直子氏に深甚の謝意を申し上げげます。

平成十五年六月

大谷大学名誉教授　岩　田　宗　一

岩田宗一（いわた　そういち）

1933年　京都市生まれ
1959年　京都市立音楽短期大学（現・京都市立芸術大学）卒業
1965年　佛教大学卒業
1999年　3月大谷大学教授を退任，大谷大学名誉教授
現　在　大谷大学，龍谷大学非常勤講師，真宗大谷派中央声明講習会講師
他に京都市立芸術大学音楽学部大学院，立命館大学文学部大学院講師を歴任
東洋音楽学会会員，日本音楽学会会員，楽劇学会会員
編著書　『声明の研究』（法藏館），『声明・儀礼資料年表』（法藏館），『仏教音楽辞典』（共著・法藏館），『聲明大系』（共著・法藏館），『声明関係資料年表』（平楽寺書店）ほか

声明《しょうみょう》は音楽のふるさと

二〇〇三年九月一〇日　初版第一刷発行
二〇一四年七月一五日　初版第五刷発行

著　者　岩田宗一
発行者　西村明高
発行所　株式会社　法藏館
京都市下京区正面通烏丸東入
郵便番号　六〇〇-八一五三
電話　〇七五-三四三-〇〇三〇（編集）
〇七五-三四三-五六五六（営業）

印刷・製本　立生㈱・新日本製本㈱

ISBN978-4-8318-6214-3 C 0015